课堂教学生成研究
——教师教育模式改革的主体问题

苗光宇 著

哈尔滨工业大学出版社

内容简介

教师教育模式改革的关键在于课堂教学变革,课堂教学生成是教师教育模式改革的主体问题。本书在对传统课堂教学进行反思的基础上,立足于教师教育模式改革的现实诉求,以雅斯贝尔斯的存在主义哲学观与教育观对课堂教学生成的理论基础进行探究,阐述课堂教学生成的意义,从概念上对课堂、教学与课堂教学生成的内涵与本质进行梳理与重构,并从中揭示课堂教学生成的特征与途径,从而为课堂教学生成的理论与实践探索提供借鉴,为构建以核心素养为导向的教师教育模式路向提供支撑。

图书在版编目(CIP)数据

课堂教学生成研究:教师教育模式改革的主体问题/苗光宇著. —哈尔滨:哈尔滨工业大学出版社,2023.9

ISBN 978-7-5767-1097-7

Ⅰ.①课… Ⅱ.①苗… Ⅲ.①课堂教学-教学研究 Ⅳ.①G424.21

中国国家版本馆 CIP 数据核字(2023)第 211212 号

策划编辑	李艳文　范业婷
责任编辑	孙　迪　王晓丹
出版发行	哈尔滨工业大学出版社
社　　址	哈尔滨市南岗区复华四道街 10 号　邮编 150006
传　　真	0451-86414749
网　　址	http://hitpress.hit.edu.cn
印　　刷	哈尔滨市颉升高印刷有限公司
开　　本	787 毫米×1092 毫米　1/16　印张 12.5　字数 150 千字
版　　次	2023 年 9 月第 1 版　2023 年 9 月第 1 次印刷
书　　号	ISBN 978-7-5767-1097-7
定　　价	78.00 元

(如因印装质量问题影响阅读,我社负责调换)

前　言

　　习近平总书记关于办好人民满意的教育、建设高质量教育体系的重要论述是实施科教兴国战略，强化现代化建设人才支撑的重要组成部分。在教育高质量发展进程中，教师质量直接影响教育质量，决定着教育高质量发展的进程。同时，教育高质量发展也给教师教育带来了新的挑战。要实现高素质专业化教师队伍的培养，满足教育高质量发展对高质量教师的诉求，就需要改革创新教师教育模式，以助力我国教育事业更高质量发展。要从"知识本位"转向"素养本位"，建构以核心素养为导向的教师教育模式。课堂教学改革是教师教育模式改革的关键所在，是教师教育模式改革的主体问题，教师教育的理念、路径、方法、条件、标准等变革的核心在于课堂教学变革，是培养教师具象方式的体现。

　　本书在对传统课堂教学进行反思的基础上，立足于教师教育模式改革的现实诉求，基于哲学理论视域下对注重在课堂教学中学生的主体地位得到充分发挥以及师生之间的互动与对话的生成性的课堂教学进行研究。目前课堂教学生成的相关研究，在研究领域上，多注重与基础教育研究领域相结合进行探讨，宽泛的宏观整体理论论述相对较少；在研究内容上，在某种理论观照下对课堂教学生成的含义、特征及途径的探究相对较少。因此，本书主要运用理论研究的方法，有机地、整体地审视课堂教学，在雅斯贝尔斯教育生成观视野下发展地分析课堂教学生成，明确其理论基础，从概念上进行重构，并从中揭示雅斯贝尔斯教育生成理论观照下的课堂教学生成的特征与途径，以期加深对课堂教学生成的理论认识，对已有的课堂教学生成研究进行进一步补充与拓展，丰富与完善研究的理论体系，从而为课堂教学生成的实践探索提供借鉴与参考，为构建以核心素养为导向的教师教育模式路向提供支撑，促进教育高质量发展，使课堂教学实践建立在理性思考之上，优化教师教育培养模式，提升教师教育人才培养质量。

本书分为七个部分。

第一部分为导论。对本书的学术背景进行了介绍,从当前课堂教学生成研究的综述中,分析了当前研究中存在的不足之处,并剖析课堂教学生成研究作为教师教育模式改革的主体问题的重要内涵,明确本书的研究目的与意义,确立研究思路和方法。

第二部分阐述了课堂教学生成的理论基础。以雅斯贝尔斯的存在主义哲学观与教育观论证课堂教学生成的理论基础。详细阐述了雅斯贝尔斯存在主义哲学的本体论和认识论,并在此基础上阐明了其教育本质观、师生观、教育过程观等五种教育观,同时揭示教育生成观的特征,明确了课堂教学生成研究的理论基础。

第三部分阐述了课堂教学生成作为教师教育模式改革主体问题的本源探索。首先,对大学在教师教育中的作用与价值进行调查,明确教师教育模式在教师培养中的重要作用。其次,对教师教育模式的变迁、内涵、理念与目标进行探究,明确课堂教学生成与教师教育模式的关系,为进一步理解课堂教学生成作为教师教育模式变革主体问题的内在本质奠定基础。

第四部分阐述了教师教育模式改革主体问题的价值:课堂教学生成的意义。这一部分是本书研究的意义与价值探索,从师生心灵碰撞与契合、在自我生成中发展必备品质与关键能力、让爱在自由交往与对话中流淌等方面探究其价值与意义,明确教师教育模式变革的路向要通过生成性的课堂教学来实现。基于核心素养的教师教育模式导向生成性的课堂教学,其意义在于促进准教师及其未来教育对象核心素养的提升,为其生命健康成长提供有效能量。

第五部分阐述了教师教育模式改革主体问题的前提:课堂、教学的内涵与本质。从课堂的含义出发探究课堂的构成要素,从而界定本研究中课堂的内涵。从教学的词源探明教学的本质,从而为探究课堂教学的含义奠定基础,为探究教师教育模式改革的主体问题的课堂教学生成的内涵与特征从本源上提供支撑。

第六部分阐述了教师教育模式改革主体问题的基础:课堂教学生成的内涵与特征。在上一部分厘清课堂的内涵、课堂的构成要素、教学的词源、教学的本质等问题的基础上,从概念上对课堂教学与生成的内涵进行梳理，并探究课堂教学与生成在本研究中的含义，从而对课堂教学生成的内涵进行重构，探究课堂教学的教学观、教师观与学生观，并对课堂教学生成的特征进行探究，以明确教师教育模式改革主体问题的课堂教学生成的核心概念与研究基础。

第七部分阐述了教师教育模式改革的路向：课堂教学生成的途径。这一部分是本书研究的实践路向部分，是基于前几部分的理论研究与研究基础，探究从师生关系——自由交往、平等对话，教学过程——体现问题情境、自我教育与生成，教学方法——注重自由讨论、交往与追问，教学内容——强调跨学科与生活价值，教学组织形式——构建多样化学习空间，教学目标——契合自我生成与学习迁移，教学评价——多元评价与共同评价相结合等方面探寻课堂教学生成路向，以深化课堂教学生成理论层面的研究，推进教师教育模式变革的进程，助推教师教育高质量发展。

本书系黑龙江省高等教育教学改革项目"基于核心素养的教师培养模式改革研究"（项目编号：SJGY20200423）、中国高等教育学会2023年度高等教育科学研究规划课题"高质量发展背景下小学交叉学科师资培养模式研究"（项目编号：23JS0402）的研究成果。本书的写作是一种研究性的探索，在撰写本书的过程中，作者力图将自己对课堂教学生成的研究理解凝练为文字呈现在书中。由于水平与能力所限，不当之处恳请读者批评指正。

期待本书能为教师教育理论工作者、一线教师与准教师们提供直接、有效的帮助。

苗光宇
2023年夏于北京

黑龙江省哲学社会科学研究规划项目
"核心素养视阈下的教师教育模式研究"
(批准号:20EDC195)研究成果

目 录

第一章 导论 ·· 1
  第一节 问题的提出 ·· 1
  第二节 研究目的与意义 ·· 4
  第三节 国内外研究现状 ·· 7
  第四节 研究思路和方法 ·· 28
  第五节 创新之处 ·· 30

第二章 课堂教学生成的理论基础 ·· 33
  第一节 雅斯贝尔斯的哲学观 ·· 33
  第二节 雅斯贝尔斯的教育观 ·· 42
  第三节 雅斯贝尔斯教育生成观的特征 ·· 55

第三章 课堂教学生成作为教师教育模式改革主体问题的本源探索 ··· 61
  第一节 关于教师教育路向的现实调查 ·· 62
  第二节 教师教育模式的变迁与内涵 ·· 70
  第三节 教师教育模式的理念与目标 ·· 78

第四章 教师教育模式改革主体问题的价值:课堂教学生成的意义 ··· 83
  第一节 唤醒精神和心灵:师生心灵碰撞与契合 ··························· 83
  第二节 提升素养:在自我生成中发展必备品质与关键能力 ········· 86
  第三节 让爱在自由交往与对话中流淌 ·· 96

第五章 教师教育模式改革主体问题的前提:课堂、教学的内涵与本质
·· 100
  第一节 课堂相关概念阐释 ·· 100
  第二节 课堂的内涵与构成要素 ··· 103
  第三节 教学的含义、本质与构成要素 ······································ 114

第六章　教师教育模式改革主体问题的基础:课堂教学生成的内涵与特征 ……………………………………………………………… 127
　第一节　课堂教学与生成的内涵……………………………… 127
　第二节　课堂教学生成的含义………………………………… 132
　第三节　课堂教学生成的特征………………………………… 137

第七章　教师教育模式改革的路向:课堂教学生成的途径 ……… 145
　第一节　师生关系:自由交往、平等对话……………………… 145
　第二节　教学过程:体现问题情境、自我教育与生成………… 152
　第三节　教学方法:注重自由讨论、交往与追问……………… 157
　第四节　教学内容:强调跨学科与生活价值 ………………… 160
　第五节　教学组织形式:构建多样化学习空间………………… 166
　第六节　教学目标:契合自我生成与学习迁移………………… 168
　第七节　教学评价:多元评价与共同评价相结合……………… 172

参考文献………………………………………………………… 177

第一章 导 论

第一节 问题的提出

一、教育高质量发展的现实需要

习近平总书记在党的二十大报告中阐述了建设高质量教育体系的重要性,"教育、科技、人才是全面建设社会主义现代化国家的基础性、战略性支撑",要"坚持以人民为中心发展教育,加快建设高质量教育体系"。教育高质量发展是以推动高质量发展为主题、坚持教育优先发展的重要组成部分,是"办好人民满意的教育"的重要内容。高质量教育体系建设必然要求课堂教学质量的提质增效。课堂教学是教学的基本形式,是学生获取信息、掌握知识技能、锻炼提高能力、养成健全人格和自我成长的主渠道,生成性的课堂教学是对传统课堂教学的挑战,课堂教学生成研究不仅从三维目标出发,更注重学生核心素养的提升与新课标的落实。本书的研究是基于教育高质量发展的现实诉求,有助于教师更有效地实施课堂教学,激励学生在课堂教学中的学习自由创造性和积极性,从而为课堂教学增益赋能。

二、教师教育模式改革的主体问题

教师教育模式改革要贯彻落实党的二十大精神,凸显道德在教师与准教师未来教育对象的全面发展方面的基础性作用，承担为党育人、为国育才的使命，以中国式现代化全面推进中华民族伟大复兴，为国家科技、人才、创新的战略发展提供强大的动力。党中央、国务院历来高度重视教师队伍建设，2018年，在全国教育大会上，习近平总书记强调教师在教育工作中的重要性以及对新时代教师队伍的建设提出新的更高的要求，"教师是人类灵魂的工程师，是人类文明的传承者""人民教师无上光荣，每个教师都要珍惜这份光荣""做老师就要执着于教书育人，有热爱教育的定力、淡泊名利的坚守"。习近平总书记提出的"四有"好老师是新时代对教师提出的新要求，已经成为教师及教师培养的内化于心的使命与担当。"十四五"规划提出要"建设高素质专业化教师队伍"的目标。教师是教育事业发展的基础，是建设高质量教育体系、办好人民满意的教育的关键。而教师教育模式决定着教师的培养质量，直接影响教育高质量发展和高质量教育体系的建立，因此，教师教育模式改革彰显着教育高质量发展与教师教育高质量发展进程，教师教育模式改革涉及一个主要问题，即怎样实现教师教育模式改革的问题，课堂教学改革是教师教育模式改革的关键所在，也是实现其变革进程的必然路向。因此，生成性的课堂教学是厘清教师教育模式改革的主体问题的必然诉求，这也是本书的主要研究缘起与研究基调。

三、新课程改革的必然诉求

新课程改革关注教学生成，生成是新课程改革所倡导的重要的教学理念和教学方式，因为新课程注重在课堂教学中学生的主体地位得到充分的尊重以及师生之间的互动与对话。课前教师预设的知识与观点在经历教学过程之后得到拓展,同时教师和学生自身也得到不同程度的成长,课堂教学的理想效果就是教学内容得到补充与完善,学生体验到学习的快乐,真正实现教学相长。新课程的课堂教学既强调基础知识和基本技能的获得和养成,更注重过程的体验,追求在活动过程中建构学生的知识体系。在教学中,要充分重视师生个体生命健康成长,并为师生生命健康成长提供有效能量,课堂教学的过程应是师生双方自由交往与平等对话的过程,因此,需要生成性的课堂教学回应新课改的必然诉求,强调生成性是一种动态的教学,同时,课堂教学目标的达成,应尊重学生的个体生命,营造自由、民主的课堂氛围,促进学生主动而富有个性地学习,使课堂处于动态之中。

四、对传统课堂教学的反思

在传统的课堂教学中,教学内容是预先设定好的,强调预设,以讲授为主,课前教师在教案上预设的知识量和观点要与教学过程之后学生所接受的知识量和观点达到基本一致,课堂教学的理想效果就是教师完成了预定的教学内容。教师把预先准备好的教案中的知识按部就班地传授给学生,而学生则聚精会神地聆听教师的每一句话,可以说,教师是知识的权威,学生是储存知识的容器。这种课堂教学没有使人的潜力最大限度地被调动起来并加以发挥,并不是人与人精神相契合、文化得以传递的活动,不是师生双方的对话,是"以知识为本"在课堂教学中的体现。虽然传统课堂教学可以在一定程度上最大限度地发挥教师的主导作用,学生可以在相同时间内获得较多的知识,能够提高课堂教学知识传授的效率,但以核心素养为本的课堂教学与教师教育模式注重的是教师和学生、教师教育者和准教师的核心素养提升与生命健康成长。

因此,课堂教学生成研究是基于对传统课堂教学的反思,同时,课堂教学生成研究能够为教师实际的课堂教学实践提供理论上的依据,为如何有效地实施生成性课堂教学提供参考。教育高质量发展,新课程强调生成,课堂教学生成研究是教师教育模式改革的主体问题,是教师教育模式变革成功与否的核心与关键。生成性的课堂教学要着重从生命健康成长视角高度关注教师与学生的成长,运用生成性的课堂教学促进师生双方生命健康成长,让课堂充满生命的气息。因此,对课堂教学生成的研究作为教师教育模式改革的主体问题,是促进教育高质量发展、对新课程改革与传统课堂教学反思的现实回应。

第二节 研究目的与意义

一、研究目的

本书的研究目的是试图运用理论研究的方法有机地、整体地、动态地审视课堂教学,在雅斯贝尔斯教育生成观视野下发展地分析课堂教学生成,明确其哲学理论基础,对课堂教学生成作为教师教育模式改革主体问题进行本源探索,从概念上进行重构,探究课堂、教学、课堂教学的内涵及本质。在教育生成观的特征探究上,明晰基于雅斯贝尔斯教育生成观下的课堂教学生成的内涵、特征,从而探究课堂教学生成的意义与价值、课堂教学生成的路向。以期提升教师教育模式变革进程,加深对课堂教学生成理论的认识,对教学实践有所促进。

二、研究意义

本研究在哲学理论基础下对课堂教学生成内涵、理论基础、特征等问题进行综合思考和探究,明确课堂教学生成作为教师教育模式改革的本源问题,梳理大学在教师教育中的作用,教师教育模式的变迁、发展与理念、目标,以探究教师教育模式改革的课堂教学生成路向,具有其深刻的理论意义与实践意义。

(一)理论意义

从现有文献综述来看,在研究领域上,有关课堂教学生成的研究更加注重与基础教育研究领域相结合进行探讨,宽泛的宏观整体理论论述相对较少,在教师教育领域对课堂教学生成进行研究也相对较少;在研究内容上,对课堂教学生成的界定大多从教学生成含义的角度来说,并且没有结合具体理论观照下的界定。着重从微观上论述课堂教学生成特征,而在某种理论观照下对课堂教学生成中的宏观特征论述较少。关于课堂教学生成的途径研究大多是从宏观层面上抑或是结合具体学科或案例进行探讨,而从微观角度以及在某种理论观照下论述课堂教学生成途径的研究相对较少。因此,本研究在哲学理论基础视阈下审视课堂教学生成的含义及其途径,并从宏观上,即教学过程、教学双方等方面论述课堂教学生成特征,从教师教育模式改革视角探究课堂教学生成的路向,更有助于丰富已有教师教育模式主体问题理论研究,同时,丰富与完善课堂教学生成研究的理论体系以及对课堂教学的全面理解和透视,达到对已有课堂教学生成理论的进一步补充与拓展,具有一定的理论价值。

(二) 实践意义

在研究领域上,通过教师教育模式变革探究课堂教学生成整体理论,有助于为教师教育领域的教育者实施课堂教学生成提供指导,对教师教育模式改革主体问题的本源性问题、价值性问题进行探究,明确教师教育模式变革与课堂教学生成的关系,从而基于哲学理论视角、教师教育模式变革视阈探究课堂教学生成路向,有助于推进教师教育模式变革进程与生成性的课堂教学优化,以促进教育高质量发展与教师教育高质量发展。从研究内容上看,以雅斯贝尔斯教育生成观论述课堂教学生成内涵与途径,有助于实践者更明确地理解其内涵,通过课堂教学生成的途径探讨,使教学过程实施更具有方向性;在宏观上从教学过程、教学双方、教学目标、教学内容等方面论述课堂教学生成特征,能够为生成性课堂的实践应该是什么状态、应该具有哪些特征等方面提供理论支撑,为课堂教学生成的实践探索提供一定的借鉴与参考,使课堂教学实践建立在理性的思考之上,促进师生的共同成长,对于课堂教学生成的实现及优化、教师教育模式变革的实践路向具有一定的现实指导意义。

因此,对课堂教学生成的研究具有深厚的学术背景以及极其重要的理论价值与应用价值,是厘清教师教育模式改革主体问题、教育高质量发展的现实需要,同时为如何有效地实施生成性课堂教学提供参考,从而提高课堂教学质量,促进教师与学生个体生命健康成长,提升教师与学生核心素养发展,推进基于核心素养的教师教育模式变革进程与实践路向。

第三节 国内外研究现状

一、国外研究状况

古希腊哲学家苏格拉底的"催产术"能够使"教师和学生处于平等地位,教学双方均可自由地思索,没有固定的教学方式,每个人都要负起超越自身存在的责任",能够避免讲授法所带来的圈养式的师生关系,从而使每个人都有天生发展的机会,体现了"生成"的教育教学思想。苏格拉底的"催产术"即通过教师的发问来激发并引导学生思考,不给学生现成的答案,让学生通过自己的探索而得出结论,通过问答逐渐使真理显现。这可以看作是国外生成思想的起源。

17世纪捷克教育家夸美纽斯的教育遵循自然的原则调动了人的潜力,体现了生成的教育思想。夸美纽斯提出了"泛智"的教育思想,即把"一切事物教给一切人",要求教育要遵循自然的规律,他认为儿童是实现自己成长的主人,而教师只是帮助者,"好些人通过自己教育自己……较之受过导师的令人厌倦的教导的人的进步还要大"。他提出把学校组织分为四个阶段,"依据人的自然本性和儿童年龄特征进行教育,启发儿童学习的愿望、主动性与积极性"。

卢梭的自然主义教育理论符合雅斯贝尔斯的教育理念,不是有计划地造就以及教育要调动人的潜力,蕴含着教学生成的思想。1762年,法国启蒙思想家、教育家卢梭在《爱弥儿》中集中论述了自然主义的教育理论,要求"教育要遵循自然天性,要求儿童在自身的教育和成长中取得主动地位,强调儿童的个人爱好和兴趣,让儿童从个人活动中自然地获取知识,无须成人的灌输与压迫,教师只需创造学习的环境、防范不良影响"。主张教育要归于自然,遵从儿童的天性,要给儿童充分的自由,不能压制儿童天性、强迫儿童做不愿做的事情、将知识灌输给儿童,让儿童遵循自然率性发展。他认为,儿童不仅与成人不同,而且儿童处于自己独有的年龄阶段,有属于自己的独特的阶段特点。另外,卢梭关注了儿童不同性别、不同天性之间的"不同",提倡要正确理解儿童,尊重儿童,有效倾听儿童的表达。

19 世纪,"教育心理化"盛行,裴斯泰洛齐作为主要代表,主张适应学生本性的教育,以儿童心理学作为教育的依据,反对将知识灌输给学生,强调教育的前提是研究和了解学生。教育教学工作要基于学生心理活动规律,建构符合学生发展规律的教学,他提出要依据自然法则发展儿童的生理、道德与智慧等方面。教育目的要以学生本性发展为基点,教学内容的选择要符合学生学习心理规律,要通过教学使学生成为他自己的教育者。可见,裴斯泰洛齐这一观点蕴含着教育生成观中强调的注重学生自我教育。

福禄培尔提出教育要遵循学生的内在生长法则,认为学生作为个体具有天赋的能量,教育要使学生获得自由、自然的发展。在家庭中,父母要了解儿童,在学校里,教师要研究和理解学生,要使儿童教育同过去、现在和未来人类发展的需要相协调,从过去、现在和未来人类发展的生存关系、各项必要的联系中认识学生。可见,裴斯泰洛齐、福禄培尔都主张教育教学的前提是认识和研究受教育者,为课堂教学生成提供了可参考的儿童心理学基础。

"新教育运动"代表人物、瑞典教育家爱伦·凯批判旧教育,主张教育依据儿童不同特点、性格、兴趣让儿童自学的观点内蕴着生成教育思想。她在《儿童的世纪》中提出自由教育以保护儿童淳朴天真的个性,提倡卢梭的自然主义教育。

蒙台梭利认为,人生来就具有内在生命潜力,它是儿童自我成长、发展并形成独特心理内在源泉的基本动力。她批判旧学校抑制儿童个性发展,认为在旧学校中,"儿童像被钉子固定的蝴蝶标本,被束缚在桌子边"。可见,蒙台梭利关于儿童的观点内蕴着生成性的思想。她认为儿童具有"吸收性心理",提倡儿童在不受约束的环境中自然发展,"在一个适宜儿童年龄的环境中,儿童精神生命会自然地得到发展,并在发展中解释内在秘密"。蒙台梭利反对以教师为中心的教育,主张关注并尊重儿童的内在需求,通过"有准备的环境"促使儿童发展内在潜力。

"进步主义教育之父"帕克将"儿童为中心"思想与学校改革相结合,主张"儿童处于学校教育的中心",从儿童的需要、兴趣、能力出发,通过儿童的活动,使儿童获得丰富的经验,强调培养儿童的自我探索和创造精神,主张课堂教学应尽可能与实践活动相联系。克伯屈阐述了进步教育的学习理论,提出"设计教学法",强调学生自动的、自发的学习是设计教学法的本质,有目的的活动是设计教学法的核心,因此,设计教学法加强了教学与学生实际生活的联系,充分发挥了学生的主动性和积极性,使学生在课堂学习中成为学习的主人。可见,帕克与克伯屈都重视学生在学习中的中心作用,强调从兴趣、需要出发的学生自发学习的重要性,这为课堂教学中的生成性研究提供了一定基础。

杜威强调教育不是有计划的造就而是要调动人的潜力,体现了教学生成的思想,并在一定程度上丰富了教学生成思想。在《民主主义与教育》中,杜威提出"教育是经验的持续不断地改组或改造""教育过程是一个不断改组、改造和不断转化的过程,在这个过程中,个体知识得到不断建构与生成,学习者持续不断地发展"。因此,杜威反对强加于个体生长的任何外在目的,反对将某种固定的、外在的教育目的强加于教育,因为教育目的要考虑儿童的兴趣和需要。他提出"常态的儿童和常态的成人都在不断生长,他们之间的区别不是生长和不生长的区别,而是各有自己在不同情况中的不同的生长方式"。同时,杜威认为,儿童本能的生长、发展及经验改造过程就是儿童的生活,认为人的本能和冲动是潜藏于儿童的身体内部与生俱来的能力,并原封不动一代又一代传递下去。儿童的能力、兴趣、需要和习惯都是建立在他自己的原始本能基础之上的。儿童心理活动的实质就是其本能的发展。杜威提出兴趣产生于习惯或本能,习惯以本能为基础。"儿童的生活是一个整体,儿童的世界是一个具有他们个人兴趣的人的世界,而不是一个事实和规律的世界",儿童所关心的事物是与生活中的个人和社会兴趣的统一性相结合的。可见,杜威更加注重儿童生长的自主能动性,体现了生成性的教育观。

皮亚杰对儿童认知发展提出了自己的观点，他认为儿童是主动的、受内在动机驱动的学习者。儿童具有与生俱来的好奇心，不是被动地记住事物。他们会自己主动、积极寻找信息使自己完成某一行为，会独立地从每天体验的事物、经历中探寻能够有助于自己完成行为的信息，会逐渐建构一个关于世界是怎样的整体观念。皮亚杰提出儿童是以相同的顺序经历每个认知发展阶段的，每个阶段都是建立在前一阶段完成的基础上，并且儿童通过同化和顺应过程适应环境。可见，皮亚杰的阶段论为儿童认知发展提供了有依据的理论基础，为儿童获得新能力的时间提供了一般性观点。在皮亚杰理论中，认知发展主要是个体的任务，随着时间的推移，通过同化和顺应形成新的经验，儿童发展了自我，形成图式。这一理论体现了生成性的课堂教学中人的自由的生成，以及根据生而固有的本性和可能性自由生成的理论自觉。

英国著名课程理论家斯滕豪斯的过程模式的课程理论强调了教育绝不能按人为控制的计划加以实行，从教学目的的角度论述了教学生成思想。斯滕豪斯在1975年出版的《课程研究与开发导论》中，提出了以反对泰勒的行为目标模式为基础的过程模式的课程理论，可以说，从教学目的的角度阐述了一种教学生成思想，认为课程编制不是按照事先确定的行为目标制定，课程与教学内容观应考虑知识的不确定性，课堂教学目的不应是预先规定的和外在于过程的，而是在过程中内在地被决定的，它强调问题解决带来的兴趣的满足，在这之后，学生会生成新的问题。因此，斯滕豪斯强调教师、学生、教育情境的相互作用，教学应是师生共同发现与探讨问题,发展情感、态度、价值观与理解力的过程。

苏霍姆林斯基在教学实践中抛弃了一般的"备课",符合雅斯贝尔斯提倡的对学生实施全面、自由的教育,反对固定的计划、训练和权威的控制。雅斯贝尔斯并不反对制订教学计划,他认为教师在适当的时候可以对教学计划做出调整与修改,不给学生现成的答案,而让学生自己通过探索去做结论。因此人们从内心深处得到那些自以为还不知道,实际上都早已具有的知识。可以说,苏霍姆林斯基真正实践了教学生成的思想。苏霍姆林斯基提出在教学过程中没有预定的教学计划,而是在实际活动中使教学不断生成,从而与预成式的教学发生了分裂。"尽管在教学的生成中,教师仍然要帮助和指导符合儿童天性的那种生活的展开,但这种帮助不再是一般教学中的包办,不再是生硬地控制,这种帮助和指导是支持、搀扶和引领。"在他看来,"备课"约束了教师在课堂教学过程中的教学思想,不能正确对待学生的创造性的思想以及能力,学生只有在生成中才是自由自在的、积极主动创造的。

目前有关课堂教学生成的思想,从教学理论研究的角度来看,以多尔为代表的后现代课程与教学观强调了教育不是有计划的造就,"教育的过程是让受教育者在实践中自我练习、自我学习和成长",体现了教学生成的思想。后现代社会强调世界的流动性、不确定性和未完成性,认为对象是在不断变化的社会关系中相互建构的,否认静态的本质论。后现代主义者反对一般教学中"有计划性""有意图性"的限定,认为"教学过程是一种教学内容与资源不断发展与创造的过程,是师生共同参与的探究活动中意义、精神、经验、观念、能力的动态生成过程"。后现代课程与教学观强调课堂教学的开放性和生成性,反对传统的课堂教学,尊重学生的个性差异,强调教学内容是随机的和灵活的,教学目标的不确定性以及教学过程的创造性。

因此,以后现代视角重新审视课堂教学中的教学对象,发现它是在具体关系和具体历史背景中存在、生成和发展的,学生在认识世界的同时,也在建构着自己的身份。由于社会关系的变化和历史背景的改变,"后现代的学生身份具有多元性和重叠性,在这种身份构建中学生是积极的参与者"。也就是说,学生身份不是被预先设定的,而是在发展过程中自我建构的,其身份是一个相对概念和关系概念,学生在其中起主导作用。从学生的社会身份属性来看,从与成人相对应的儿童来看,后现代教育观主张社会发展不是成人的专利,儿童社会自身就是社会的重要组成部分,社会发展的机制不是由成人的价值、模式来垄断的,社会中的每个人,包括儿童,都是社会发展的平等参与者、建构者,儿童和成人是一对关系词,没有儿童,也就没有成人。因此,在课堂教学中应强调学生和教师的相互尊重、平等共生的关系。因此,更重视学生的权利、自我建构和对学生个体的关注。

从教学实践探索的角度来看,意大利瑞吉欧教育调动了人的潜力,体现了教学生成的思想,是生成课程的主要代表。瑞吉欧教育是指"自然生成课程"的课程设计方法,教师预先设定总的教育目标,但不为每个子项目或活动设定特定的目标,而是在对儿童了解的基础上,预计某个项目发展的所有可能情况,考虑儿童可能的想法、假设和选择,并设计出与之相适应的、灵活的、适应儿童需要和兴趣的目标。可见,这种课程是在总的预设的教育目标下,以儿童的需要和兴趣为主要依据,自然生成的课程,它来源于儿童的需要和兴趣,而不是教师强加给儿童的。

从而,可以看到国外目前对课堂教学生成思想渗透在其教育观及儿童观中,苏格拉底、夸美纽斯、卢梭、杜威、苏霍姆林斯基、斯滕豪斯、后现代课程观与幼教领域都体现了课堂教学生成的思想。

二、国内研究状况

我国对课堂教学生成的研究是从教学生成研究开始的,其研究起步较晚,明确提出"教学生成思想"是在 20 世纪 90 年代,但有关生成的教育教学思想的渊源可以追溯到孔孟时期,可以通过我国教育家的教学观及儿童观来探究。

(一)从研究阶段来看

1. 萌芽阶段(20 世纪 80 年代以前)

我国"生成"的教育教学思想的渊源可以追溯到孔子的启发式教学,"不愤不启,不悱不发",体现了教学生成思想,因为从学习心理的角度看,符合雅斯贝尔斯的使人的潜力能够最大限度地调动起来并加以实现、重视调动人的积极性的观点。《学记》提出"禁于未发之谓豫,当其可之谓时,不陵节而施之谓孙,相观而善之谓摩"的教育教学原则。这一教学原则考虑了学生的年龄特征,要求教师根据学生的发展特点与成长水平进行施教。教师不应当让年幼儿童过早接触难度比较大的义理之学,要让儿童享受当下生活,让儿童以自己的步调、从容成长;理解儿童学习的最佳时机,适时而学,适时而教,这些都体现了对教师的教学对象——学生的尊重,按照儿童身心发展特征进行施教,这也体现了生成的内蕴。

南北朝时期,颜之推也非常重视儿童教育,他对儿童教育的观点体现了生成的思想。他认为一个人的发展,幼年时期是奠定基础的重要阶段,要对这一阶段极其重视,并掌握好这一阶段的教育时机。在他的理论中,广为流传的就是他的家庭教育原则,他提出应用严与慈相结合、爱护儿童。他很重视儿童早期教育,认为从幼儿能感知外界事物的时候就可以进行教育了。在对儿童教育内容的论述中,他主张道德教育、语言学习的内容,要使儿童通过"风化"受到潜移默化的影响。这种潜移默化的观点和思想体现了生成的教学思想。

宋代理学的代表朱熹十分重视对8~15岁少儿的教育。他认为这一阶段教育的任务是培养"圣贤坯璞","教以事"。他认为儿童时期是打好基础的阶段,在整个人的发展中具有非常重要的价值,如果这一时期没有打好基础,以后有可能会做出有悖伦理纲常的事情。他认为基础教育对一个人的成长非常重要,提出"知之浅而行之小者",力求教授浅近、具体的教育内容,主张知识的学习、行为习惯的养成要通过日常的行事来培养。可见,朱熹对基础教育的重视、学习习惯的要求,充分认识到培养儿童行为习惯以及文化知识学习的重要性,尤其是他的著名代表作《童蒙须知》,体现了要在平时让儿童养成这些习惯等内容的重要性。这在一定程度上体现了生成的教育思想。

明代,阳明学派的王守仁十分重视教育对人的发展的重要作用，尤其重视儿童教育，注重教育应依据儿童身心发展的特点，提出儿童教育要顺应儿童的性情，这一点在他的思想中有明确的表达，"大抵童子之情，乐嬉游而惮拘检，如草木之始萌芽，舒畅之则条达，摧挠之则衰痿"，这点说明了遵照儿童性情、顺其自然、从儿童兴趣角度对儿童进行教育的重要性。另外，他提出诗歌、礼是主要的教育内容，注重礼仪，反对体罚儿童，要求以礼义引导儿童并提出量力施教的教学原则，用善德来培养儿童，在对儿童进行培养时无论是礼义引导还是善德培养都要考虑儿童身心发展特点。从王守仁的教育观中可窥见其顺应儿童身心发展的观点——从儿童发展视角培养儿童，这为生成性的教学提供了可参考性观点。另外，明代思想家李贽对儿童的观点也体现了生成的教学思想。首先，他的"童心"观点彰显了对性善论的继承和发扬。他认为"童心"就是"夫童心者，真心也"。具体来讲，就是"夫童心者，绝假纯真，最初一念之本心也"。这种"本心"是最纯洁的、未受任何污染；"本心"也是最完美的，最具一切美好的可能性。他强调读书、明理对童心守护的重要性，强调个性和主体价值的自觉，这种依据童心进行教育、"若失却童心，便失却真心；失却真心，便失却真人。人而非真，全不复有初矣"的童心使真实的主体而存在，对"童心"重要性的阐明体现了生成的观点。

到了中国近代，梁启超的教育观、儿童发展观也体现着教育要适应儿童年龄特点、由易到难、由浅入深的生成的教学思想。他通过比较中、西方儿童教育的差异，主张依据儿童身心发展特点、阶段制定学制，从儿童教学用书开始改革儿童教育。在教学内容上，他强调运用直观教学、实物教学引导学生产生兴趣，讲授自然科学和社会科学常识，以开阔学生眼界。同时，梁启超的代表作《少年中国说》给予儿童发展新的使命意义，阐明了儿童应有的气质与责任，赋予了儿童对国家发展的重要意义。这些观点对生成性的教学方法、目标都有一定的借鉴意义。

20世纪上半叶，陶行知的"生活教育"论、陈鹤琴的"活教育"理论彰显了生成性的教学观。陶行知提出"过什么生活便是什么教育""社会即学校"。陶行知的儿童观强调对儿童个性和创造精神的充分尊重，他对尊重儿童的含义进行了阐释，他认为尊重儿童是将儿童作为一种重要的教育力量，发挥其创造力，不压制儿童兴趣、个性。可见，这种对儿童的尊重和对兴趣、个性的重视体现了生成的观点。陶行知提出的儿童"六大解放"也渗透了生成性教学观，通过解放儿童的眼睛、双手、嘴、头脑、空间、时间，使儿童去看、去想、去说、去做，让教育融入生活之中。这"六大解放"具有极其重要的作用，儿童创造力在这基础上才能发展。可见，陶行知尊重儿童与解放儿童的观点凸显了在课堂教学中要调动学习者的潜力以及强调教师与学生的平等地位，体现了教学生成思想。

陈鹤琴受杜威实用主义的影响，提出了"活教育"理论，认为"大自然、大社会都是活材料"。这种课程理论体现出他对直接经验的重视。书本知识不能作为唯一学习资料，课程内容应来源于自然、社会和儿童生活，其组织形式要符合儿童的活动和生活方式，符合儿童与自然、社会环境的交往方式。他认为在学习过程中儿童的直接经验、主体地位具有重要作用，学会"做中求进步"对儿童是非常重要的,是儿童学习的基础。另外,陈鹤琴根据儿童心理学和教育学原理,总结了 17 条"活教育"的教学原则,提出要给予儿童空间与权利,儿童自己想做、能做的事要让儿童自己做、自己想,要让儿童探索、发现自己的世界,怎样做的基础是怎样学。可见,陈鹤琴的"活教育"思想注重儿童的直接经验,体现了生成性的观点。

叶圣陶注重学习与现实生活的联系,是中国现代倡导儿童本位的教育家、文学家。他的第一篇关于儿童文学的学术论文题作《儿童之观念》,他强调教育与儿童当前所处的社会生活相联系,要培养儿童应付环境的能力,这是他关注当时中国教育的出发点。同时,他对教师也提出了相应的要求。教师应接触学生的内心,了解学生性情,顺应其天性来实施教育;教师要通过引导,而不是压制,为学生创设、提供能够自己探索、寻求的情境;教师在提供情境的过程中要起到帮助的作用。另外,他提出"引导自学"的教学思想,教学方法要运用自学辅导,学生学习要预习,课后要温习,使引导自学成为一种学习习惯。在师生关系中,教师要积极探索教育发展途径,培养良好习惯,了解学生习性与发展特点。师生之间是相互同情、相互帮助的,教师要引导学生,建立与学生"一个同情的相互的伴侣"的民主关系。叶圣陶倡导将两个课堂相结合,认为书本是一种获得知识的工具,但并不是唯一的工具,学生亲身经历、观察、体验也是一种非常重要的方式。注重加强学习与现实生活的联系,可以使学习生活更加丰富。可见,这种观点与陈鹤琴的观点有一致性,都注重学生自然发展个性。因此,民主性的师生关系、注重学习与现实生活的联系都体现了生成性的教学观。

俞子夷的儿童观也体现着生成性的教学思想,他的儿童观具有独到的见解。首先,他认为应尊重儿童的个性差异。俞子夷在《小学教学法上的新旧冲突》中阐述了旧时私塾"因材施教"的教法的一些可取之处,"无论读书、写字、做对、做诗,到开笔做文章,各学生各自进行。……愚笨的循序渐进,没有欲速不达的弊病,聪明的也尽可勇往上进"。俞子夷评价这种教的方法是符合学生个性差异的。他批判教育界过于追求统一、不考虑学生具体情况、忽视学生个性差异的做法。因此,在教学中要关注弹性化问题,就是说可以让学生根据自己的发展对设计教学方法提供建议。其次,要为儿童着想,重视儿童的想法。俞子夷认为教师要关注儿童特殊的生理和心理发展水平,学会站在他们的立场考虑问题。他关于儿童对各门课程喜好的调查,目的在于可以帮助教师"知道儿童的意思,研究教材的编配,改良教学的方法"。最后,教师要懂得为学生着想,能够用适合学生的方式引导他们学习。另外,俞子夷指出,教师要做到"儿童化",也就是说教师要真正从儿童的角度思考问题,客观地对待不同学生的语言、行为。

进入20世纪80年代以来,我国教学理论界关于教学过程本质问题的讨论中,有一类代表性的意见,即"唯一本质论",但是人们逐步意识到它的狭隘性。1998年石鸥在其著作《教学别论》中提出教学过程具有流动的本质,教学具有流动性和顷刻的意义生成性,这种流动性就是说教学前的准备确实具有重要的作用,但是再充分的备课可能也无法适应千变万化的课堂教学现实。因此,石鸥提出的关于课堂教学本质的新观点符合教育不是有计划的造就的观点,体现了生成的教学思想。

2. 理论确定阶段(20 世纪 90 年代)

叶澜教授的课堂教学观强调了雅斯贝尔斯的教育不是有计划的造就,明确提出生成性教学思想。叶澜教授于 1997 年在《让课堂焕发出生命活力——论中小学教学改革的深化》一文中提出要"用动态生成的观念,重新全面地认识课堂教学,构建新的课堂教学观",这可以说是在国内最早明确提出该观点,划定了其理论确定阶段。主要包括课堂教学的丰富性多在教学过程中展现以及学生是教学资源的重要生成者两方面,具体是指课堂上可能发生的一切,不是都能在备课时预测到的,教学过程的真实推进及最终结果,更多地是由课程的具体行进状态,以及教师当时的处理方式决定的。所以要使丰富性发挥积极效应,则必须改变课堂教学只关注教案的片面观念,不但要使师生的生命活力在课堂上得到积极发挥,而且要使过程本身具有生成新因素的能力,具有自身的、由师生共同创造出的活力;在教学中,教师不仅要把学生看作"对象""主体",还要看作是教学资源的重要构成和生成者。学生在课堂活动中的状态,包括他们的学习兴趣、积极性、注意力、学习方法与思维方式、合作能力与质量、发表的意见、观点、提出的问题与争论,乃至错误的回答等等,无论是言语,还是行为、情绪方式的表达,都是教学过程中的生成性资源。有了这种"活资源"的意识,教师才会把自己的心思努力放在研究学生、倾听学生和发现学生上。

可见,这种观点认为教学应是一个开放性的动态生成过程,应通过师生对话与合作的共同参与,以动态生成的方式来推进。

其中体现了雅斯贝尔斯的不能按人为的计划来控制教育以及"教育的过程是让受教育者在实践中自我生成、自我学习和成长"的观点。

3. 研究发展与深化阶段

进入21世纪,伴随着生成性教学的研究理论和新课改的要求,课堂教学生成的研究被越来越多的研究者所关注,研究进一步发展与深化。从现有著作来看,主要是从2000年以后开始探讨,相关著作中渗透着课堂教学生成的观点,代表著作有:刘慧主编的《小学课堂有效教学》,提出以儿童生命为本设计教学,要研究作为整体人的学生,有效教学设计要遵循生命特性,有效教学实施要尊重生命主体;郑金洲主编《新课程课堂教学探索系列》中的《生成教学》,注重案例与分析相结合,试图通过大量的来自于教师实践生活的鲜活案例来进行论述;张文质、孙明霞主编的《课堂因生成而精彩》,江苏教育出版社2010年出版;周彬所著《叩问课堂》,华东师范大学出版社2007年出版,其中一节论述了动态生成课堂的途径——开放教学;李龙权编著的《生成性课堂教学》,由上海远东出版社2008年8月出版,从具体研究领域,即高级中学生成性课堂教学策略开展实践研究;从生成与预设关系角度展开探讨的胡庆芳等人所著的《精彩课堂的预设与生成》等。

(二)从研究领域来看

在中国知网(CNKI)数据库中以"课堂教学生成"为篇名检索出的文献,总数共142篇,其中硕士论文8篇。按发表年度检索,最早一篇文献是从2004年开始,这也说明虽然我国最早明确提出教学生成思想的是在 20 世纪 90 年代,但从相关著作和期刊文献来看,针对该主题的研究起步较晚。

以"课堂教学生成"为篇名检索的文献在研究领域上的具体分布情况如下(表1):

表1 关于课堂教学生成的文献在研究领域上的分布情况

研究领域	初等教育	中等教育	理论研究	实践研究	宏观研究	职业教育	合计
数量	33	43	8	27	28	3	142
比例/%	23.2	30.3	5.6	19.1	19.7	2.1	100

由表1可知,从研究领域来看,在142篇以"课堂教学生成"为篇名检索的文献中,涉及初等教育和中等教育的文献数量最多,共占53.5%;涉及理论研究与职业教育的文献相对较少。主要原因概括起来有以下两点:第一,新课程改革促进了研究者围绕初等教育与中等教育对课堂教学生成进行研究,聚焦职业教育较少。第二,现有研究相对聚焦在实践研究较多,因此思辨的理论研究并不凸显。

(三)从研究学科分布来看

以"课堂教学生成"为篇名的文献中,共涉及10个学科,具体分布情况如下(表2):

表2 关于课堂教学生成的文献的学科分布情况

学科	语文	数学	英语	思想品德	化学	历史	生物	音乐	地理	科学	合计
数量	28	22	8	6	5	4	3	2	2	1	81
比例/%	34.6	27.2	9.8	7.4	6.2	4.9	3.7	2.5	2.5	1.2	100

由上表可知,从学科分布上来看,聚焦在语文、数学、英语学科中探究课堂教学生成的研究所占比例较多,尤其是语文学科占比34.6%。说明研究者更注重语文学科的课堂教学生成研究,这与其学科性质有一定的关系。

(四)从研究内容上看

相关文献从微观角度即从具体学科领域探讨课堂教学生成的文献占大多数,共81篇,余下文献是从宏观视角、实践视角等对课堂教学生成进行研究。

纵观关于该主题的文献,无论是实践研究还是宏观或微观的研究,对课堂教学生成研究的主要内容包括以下几个方面。

1. 关于课堂教学生成含义的研究

目前研究者对课堂教学生成的界定大多从教学生成含义的角度来说,郑金洲认为生成教学就是强调教学的过程性,突出教学个性化建构的成分,追求学生的生命成长,是一种开放的、互动的、动态的、多元的教学形式。在课堂教学中,预设和生成本是一家,我们生成并非摒弃预设,只有两者并重,才能实现预设与生成的和谐共创。有研究者认为:"它是指教师在事先进行弹性化预设的基础上,在实际课堂教学过程中,师生根据所发生的不同的教学变化,进行主动构建新的教学目标、教学内容、教学方法和教学过程。"罗祖兵也提出了类似的观点,认为生成性教学是一种教学形态,应根据师生在课堂上的互动状态,进行及时调整与改进。

从以上观点可以看出,基本上都强调雅斯贝尔斯的不能按人为的计划来控制教育。总体来说,主要按照三个方面进行定义:一是在生成和预设两者之间是"共生"的关系上界定,如郑金洲;二是在反对预设的观点上进行界定,如罗祖兵;三是在相对于"预设"而言的情境下进行界定,如陈旭远。可见,对课堂教学生成的界定大多从教学生成含义的角度来说,并且没有结合具体理论观照下的界定,因此,本研究将在雅斯贝尔斯教育生成观下审视课堂教学生成的含义。

2. 从不同层面论述课堂教学生成理论基础的研究

关于课堂教学生成理论基础的研究是从不同层面进行阐述的,不同研究者对课堂教学生成理论基础的主要内容的论述可归纳为以下几个方面。

第一,三基础说。有研究者把课堂教学生成的基础归结为建构主义理论、多元智能理论以及后现代课程观。建构主义理论所倡导的是一种开放的教学观,从它对于知识、学习、教学和学生的基本观点可以看出建构主义视角中的课堂是动态的、有生命力的。在后现代课程观看来,课程是一种创造性生成的过程,教学过程是一个互动的过程,教学主客体之间是处在不断的相互作用、相互影响、相互适应之中,互动意味着交流、理解、对话,这种对话在师生之间是平等进行的。多元智能理论主张因为学生智力表现形式的多样性和复杂性,所以教师不可能找到一种适合所有学生的教学方法,教师的教学方法和手段,应该根据不同的教学内容有所不同。

王义全指出了课堂教学生成的哲学基础、系统论基础和课程与教学思想基础。生成哲学认为一切都是生成的,都处于永恒的变化过程之中,促进了思考教育教学问题时思维方式的转换。系统论基础教学系统就是一个典型的自组织系统,它具有自组织的一切特征,如开放性、非线性、不可还原性、突变、涨落等等。另外他指出教学本体论、博尔诺夫关于"教育的非连续性"认识以及实践教学论,杜威"教育即经验的改组或改造"的思想以及课程编制的过程模式亦是理论基础之一。

第二,四基础说。有研究者从四个方面论述了课堂教学生成的理论基础,具体有博尔诺夫对"教育的非连续性"认识、现代哲学思维方式、后现代知识观和课程观、生命观,以及生成性学习理论。他认为生成的教学意义,在于不承认或不再假定人、教学有预先存在的本质,而是师生在活动中以内在体验的方式参与到教学生活、创造生命意义的过程中。

第三,五基础说。五基础说认为认识论、生命论、学习论、知识论以及课程论是课堂教学生成提出的理论基础。"从认识论的角度来看,课堂教学生成的提出,是基于对本质主义思维方式的反叛,即生成性思维。生成性思维则重视差异性,力求有助于每个学生形成自己的观点、理解和体悟,为每个学生的个性发展提供充分保证,这就为教学生成和教学创造提供了最大的可能性。从生命的高度用动态生成的观点来审视教学过程,可以发现它不仅应是一个认识过程,更应是一个人的个体独特的生活体验和生命成长的过程。"

可见,研究者是从不同角度、不同层面论述关于课堂教学生成的理论基础,包括哲学、心理学、课程与教学、生命学、认识论、系统论以及教育学几个方面。无论是从哪个层面进行论述,都论证了课堂教学生成的提出从理论上来看有其坚实的理论基础,并非凭空臆造的,是建立在认识论、生命学、哲学、心理学、课程与教学的基础上,融合在学习论、系统论、课程论的学科之中。这在一定程度上说明,课堂教学生成理论的提出是建立在坚实的理论基础之上的。

3. 对课堂教学生成特征的深化研究

关于课堂教学生成特征的研究主要概括为两个方面:一方面是基于生成性教学观的课堂教学的基本特征。李祎、涂荣豹提出在"生成性教学"理念指导下,课堂教学应具有参与性、非线性、创造性和开放性四个基本特征。"参与性是指知识的生成离不开学生积极的心智建构,因此,指向生成性的课堂教学,必须以学生的主体参与为前提条件。只有通过学习主体的积极参与,才能真正达到有效生成的目的。"这里的非线性和郑金洲的观点类似,也指在生成性教学观下,课堂教学过程错综复杂、灵活多变,没有一个固定的模式、一条划定的跑道;创造性和上一种观点的偶发性类似,亦指具体到教学过程中,人的行为具有不能还原的不确定性,它只具有存在的情境意义和价值。这就意味着在生成性教学观下,教学具有一定的不可预见性,既不能完全由教师单方面决定,又不能都在课前教学设计中预料到。

另一方面是在反对传统教学观视角下论述课堂教学生成特征。郑金洲提出课堂教学生成有七个方面的特征,具体是指非线性、复杂性、动态性、互动性、情境性、偶发性、隐蔽性。在这里,和以上观点相比,两种观点都强调非线性,偶发性和创造性也类似,亦指具体到教学过程中,人的行为具有不能还原的不确定性,它只具有存在的情境意义和价值。

由以上关于课堂教学生成特征的两种观点可以看出,研究者们对课堂教学生成特征的描述,主要关注课堂教学的外部表现形态,即从微观层面上对课堂教学生成的每一个特征进行论述,如开放性、非线性、动态性、创造性、互动性等;而在某种理论观照下对课堂教学生成中的宏观特征并没有论述,因此,在某种理论观照下对课堂教学过程、课堂教学双方等方面的"生成"进行研究与论述是必要的。

4. 关于课堂教学生成途径的研究

关于课堂教学生成的途径研究,不同研究者提出了不同的主张,主要内容如下。

从宏观层面上探讨课堂教学生成的途径,罗祖兵提出以灵动性的计划为前提、智慧型的教师为基础、协商性的评价为保障的观点来促进教学生成的实现。也有的研究者依据生成性教学的过程性、参与性、随机性、互变性等特点,给出了一些相应的教学对策。

有研究者结合语文课堂教学案例论述课堂教学生成途径,包括课堂讲述的途径,即课堂讲述要以学生为主体,联系学生的生活;课堂讲述要生动有趣,激发学生的兴趣和创造性思维;课堂讲述要留有空间,为学生思维和课堂生成留有余地。另有研究者提出中学化学课堂教学中充分预设后生成过程中"意料之外"教学处理的途径,包括更新教学观点,设计弹性化的化学课堂教学方案;转变教师角色,为学生的出现"意料之外"创造可能的机会;加强教学反思研究,不断提高课堂教学艺术。可见,这类关于课堂教学生成途径的研究是结合具体学科或案例探讨课堂教学生成的途径。

由以上的观点可以看出,目前关于课堂教学生成的途径研究大多是从宏观层面上探讨该问题,抑或是结合具体学科或案例进行探讨,而对于从微观角度以及在某种理论观照下或从教师教育模式视域论述课堂教学生成途径的研究相对较少,这也是本课题从这方面进行研究的原因。

第四节 研究思路和方法

一、研究思路

本书旨在在哲学理论基础上对课堂教学生成内涵、理论基础、特征等问题进行综合思考和探究,从大学在教师教育中的作用、教师教育模式变迁、目标、理念等角度探究课堂教学生成的本源性问题,从提升需要、唤醒心灵、自由交往与对话等角度探究课堂教学生成的价值。基于此,探究课堂教学生成的路向,有利于丰富对课堂教学生成的全面理解和透视,推进基于核心素养的教师教育模式变革进程,是对已有课堂教学生成理论的进一步发展,研究思路主要包括以下几个方面。

首先,从课堂教学生成的哲学理论基础——雅斯贝尔斯的哲学观和教育观探讨课堂教学生成的理论基础和依据,为整个研究提供基本的理论和方法论支撑。

其次,从教师教育模式变革主体问题的本源性问题与价值问题探究课堂教学生成与教师教育模式变革的关系、课堂教学生成作为教师教育模式变革主体问题的价值。

再次,对课堂、教学内涵与本质、课堂教学、课堂教学生成内涵与特征进行探究,对本研究核心概念进行界定。在此基础上,探究教师教育模式变革主体问题视角、基于雅斯贝尔斯的教育生成理论进行课堂教学路向分析,提升课堂教学生成的实践效果,从理论与实践视角优化课堂教学生成,助推教师教育模式变革进程,促进教师教育与教育高质量发展。

二、研究方法

本书运用的研究方法包括文献研究法、理论研究法、问卷调查法。

(一)文献研究法

本书文献主要来源于著作、中国学术期刊全文数据库、中国优秀硕博学位论文数据库。本书首先收集了有关课堂教学生成的大量文献资料,然后对这些资料进行分类整理,梳理和归纳出关于该主题的国内外研究状况,从而找寻出现有研究存在的不足,明确了本书的研究方向。

(二)理论研究法

理论研究方法是在已有的客观现实材料及思想理论材料的基础上,运用各种逻辑和非逻辑方式进行加工整理,以理论思维水平的知识形式反映客观规律方法的总称,具体包括归纳、演绎、分析、综合、概括等等。

本书在哲学理论基础层面,以及作为教师教育模式改革主体问题视阈下探究课堂教学生成。首先,运用演绎法进行研究。演绎法是从普遍性结论或一般性事理推导出个别性结论的研究方法。本书根据雅斯贝尔斯的哲学观推导出雅斯贝尔斯的教育观,从哲学的基础和方法推导出教育本质观、教育过程观和教育意义观;从哲学的认识论和交往论推论出师生观和教育方法观,明确了课堂教学生成研究的理论基础。然后根据雅斯贝尔斯的教育生成观及教师教育模式变革的内涵,明确课堂教学生成的含义、特征以及途径。其次,运用归纳法。归纳推理与演绎推理相反,归纳法是以个别性结论为依据,普遍性结论为论点。本书从教学观、教师观和学生观三方面归纳概括出课堂教学生成的含义。再次,在论述雅斯贝尔斯教育生成观的特征的基础上,分析课堂教学生成的特征。

(三)问卷调查法

问卷调查的方法将严格按照"查阅相关研究文献—初步制定本研究问卷—问卷的试测与修订—问卷最终完成"的流程来设计。问卷的发放对象主要是中小学教师,教师类别有师范生与非师范生,主要从职业理想与敬业精神、专业能力、专业知识、好老师的本质及教师养成的影响因素、大学在教师培养方面存在的问题五个维度进行问卷设计。问卷设计与调查的目的是通过问卷调查法探究作为师范生与非师范生的中小学教师对教师教育的价值性问题的理解,以明确课堂教学生成作为教师教育模式改革主体的本源问题。

第五节 创新之处

一、学术创新

(一)研究对象的创新

本书关注教师教育模式变革主体问题,并基于哲学理论基础视阈下探究课堂教学生成问题,聚焦哲学视阈、教师教育领域中课堂教学的内在诉求,在研究对象上具有一定的创新性。因为从目前关于课堂教学生成的研究来看,多注重与基础教育研究领域相结合进行探讨,宽泛的宏观整体理论论述相对较少;多注重从课堂教学的外部表现形态,抑或是结合具体学科或案例进行课堂教学生成内容方面的探讨,而在某种理论观照下探究课堂教学生成相对较少。

(二)研究内容的创新

本书从教师教育模式变革视角审视课堂教学生成,并结合其哲学理论基础对课堂教学生成问题进行探索,以寻求教师教育模式变革的课堂教学路向、优化课堂教学效果,建构教师专业成长的内在诉求,促进教师教育高质量发展。因此,本书研究是基于教师教育模式视阈,建立在哲学理论体系与思想关怀之下的,这在研究内容上无疑具有一定的创新意义。

(三)研究视角的创新

本书在一定程度上为课堂教学研究转变新视角,提供了教师教育模式变革的新思路。本书在哲学理论基础观照下,基于核心素养的教师教育模式变革探究课堂教学生成的途径,从而为课堂教学生成的实践探索提供借鉴与参考,对教学实践有所促进,为课堂教学变革提供了新思路与新视角。

二、方法创新

运用理论研究探究课堂教学生成的理论基础,以哲学的方法探究教育本质观、教育过程观和教育意义观。从哲学的认识论和交往论探究师生观和教育方法观。从教学观、教师观和学生观探究课堂教学生成的含义、特征。通过比较,探究基于核心素养的教师教育模式变革的课堂教学路向。充分显现本书的科学性、建构问题的可操作性。

第二章　课堂教学生成的理论基础

对问题的研究要基于其哲学理论基础,哲学理论基础的探究能够从哲学上探寻研究的本质与内容建立。课堂教学生成研究作为教师教育模式改革的主体问题,首先要对其哲学理论基础进行探究,也是明确其内涵、结构、特征与探究课堂教学生成途径的基础。雅斯贝尔斯的生存哲学可以为课堂教学生成的进一步研究提供根本支撑,由此生发的教育生成观及教育生成观的特征是建构研究结构的脚手架。

第一节　雅斯贝尔斯的哲学观

雅斯贝尔斯的哲学观、教育观是与他的自身经历及所处的时代背景分不开的,卡尔·西奥多·雅斯贝尔斯(Karl Theodor Jaspers)是德国存在主义哲学家、心理学家、神学家、精神病学家,同时也是一位教育家。雅斯贝尔斯攻读法学、医学专业。1908年,他以博士论文《怀乡病与犯罪》获得医学博士学位,作为见习科研助理在海德堡心理诊疗所工作。此后他在海德堡大学、巴塞尔大学授课哲学。

雅斯贝尔斯生活的时代正值第二次世界大战期间,他目睹和经历了战争给人类带来的摧残、伤害和毁灭性的破坏,他的哲学思想和教育思想都包含了对人的生存的极大关注,他认为"教育过程首先是一个精神成长过程"。因此,他的教育观自始至终都充满了对人的精神和心灵的人文关怀。

雅斯贝尔斯自童年起便患有支气管与心脏疾病,构成了他生活中的一个"基本事实"。因此,雅斯贝尔斯常常陷入一丝忧虑,"因为我想,很快一切都要完结了"。这些体会形成了雅斯贝尔斯"临界境遇"的哲学起源。他认为对临界境遇的理解与思考,对宇宙万物所感到的惊奇与怀疑乃是一切哲学的起点。

雅斯贝尔斯在心理诊疗方面的职业经历与独特体验,让他意识到了医生的重要性,医生不仅仅是技术人员,相对于独特生存者的病人而言,更是生存者,因此,医生是独特生存者的生存者,这也是他提出"生存交往"模式的经历背景。在雅斯贝尔斯的一生中,1933年至1945年间这12年是一段空白,由于妻子出身犹太家庭,雅斯贝尔斯被排挤出学校管理工作,被勒令退休离开教习岗位。自1938年起,他被禁止出版任何著述。雅斯贝尔斯夫妇差一点被关进集中营。可以说,雅斯贝尔斯自身的病痛、做医生的经历、纳粹分子对其身体和精神的迫害,使得他体验到了人的临界境遇。但是雅斯贝尔斯并没因此而消沉,反而在这种境遇中对人的本质问题进行了思考。这也是他哲学思想的价值品格所在。

一、哲学的起源:临界境遇

雅斯贝尔斯认为临界境遇是指一些保持不变的境遇,如人无法不做斗争或不承受痛苦地生活,不可避免地要承担罪责,不得不死去。这类境遇本身是不变化的,他们仅仅变化着自身的表现,这些临界境遇是终极性的,而生存只能形成于对生存虚无的恐惧。个人尽管进行了痛苦的奋斗,却仍然陷于全面失败,经历衰老、疾病而死亡,他认为对临界境遇的理解与思考,对宇宙万物所感到的惊奇与怀疑乃是一切哲学的起点,"危难极境、边缘状况自来是我的哲学思维的源泉"。人们自觉地迈入临界境遇,即进行哲学沉思,这种哲学沉思产生于飞跃之中,只有在临界境遇中,人们才会认为受难、死亡是不可摆脱的,将自己的生活理解当作自身的一部分,真实地申诉与受难,而不是对生活避而不见。生活在想要有所肯定与始终不能做出最终肯定这两者的紧张关系中,同受难相抗争和相互限制,既将受难当作自己的陌生之物,又将其当作自身所属之物,这样,就能够既不以消极的态度来达到和谐的安宁,也不因不明不白、无所领会而陷入震怒。每个人都要承受与面对自己所遇到的事情,没有人能够逃避,因此,受难和死亡等唤醒了人的可能的生存,并唤醒人去做哲学沉思,因为一味幸运的情况会将可能的生存留在沉睡中,生存只能形成于受难和面对死亡的战栗中。

可以说,如何对待失败的经历与体验决定着个人的未来,全面失败固然让人无法接受,但个体可以把这种失败当作临界境遇摆在眼前,以哲学思考的超越态度面对空无,安然接受失败,在虚无的恐惧中预感到真正的存在,这时,哲学就是人的觉醒。雅斯贝尔斯正是因为自己的亲身经历和境遇体验才对临界境遇有了深刻理解与思考,这也是他哲学观的起源。

二、哲学的基础:存在是一个至大无外的大全

雅斯贝尔斯不蔑视科学,不鄙夷理性,而强调科学对于哲学的重要性,他是强调主观性的存在哲学家。雅斯贝尔斯认为哲学的任务在于追求存在是什么,他认为"任何被认识了的存在

都不是存在本身",存在是一个至大无外的大全,各种各样的存在物都不是存在,而只是存在的一种方式,"存在永远没到尽头,永远是没封闭的"。可见,存在是无边无际的,因而我们对存在的认识也应该是无休无止、永不停歇的。

雅斯贝尔斯是这样解释"大全"的:"大全仅仅透露一些关于它自身的消息,但它从来不成为认识对象;大全自身并不显现,而一切别的东西都在它的里面对我们显现出来。"由此可见,大全是通过存在物来告知自己的一些音讯,可以说大全通过存在物来显现自己,即大全本身不是认识的对象,而任何对象都在它之中,人们不能单凭理性用概念去掌握它。但是尽管人们所能认识的存在物都在大全之中,但并不是大全本身。这里的大全有两个样式:"一个是存在自身在其中显现的那个大全,叫作世界;另一个是我即是我们的那个大全,叫作一般意识。"这些样式包括全部的内在存在,后者是作为我自己的内在存在,即以人为代表的主体大全;前者是作为我的对象的内在存在,即客体大全。因此,对"大全"的理解必须通过主体与客体相联系的样式来看。从纵向来看,大全包括主体大全和客体大全,根据科学对象的内在性,即超然于当前现存的东西,又从横向上把主体大全和客体大全分别分为内在样式和超越样式。主体大全的内在样式即实存、一般意识和精神,与其相对应的客体大全的内在样式是三种世界,即经验世界、观念世界和文化世界。超越样式包括生存和超越存在。生存是主体大全的超越样式,超越存在是客体大全的超越样式。看来,存在既不是单纯的主体,也不是单纯的客体,而是广大无垠、无所不包,含主客体于自身的大全。

实存是指人首先是一个存在的事实,在这个层次上,主体存在于特定的时空中,具有本能和需要,为了满足这些本能和需要,就需要人将经验转移到客体世界,因此人的经验构成了经验世界,但这时的主体又被经验世界所限制,成为有限的存在。一般意识是主体在理智层次上的存在,在一般意识的层次上,人能把各种事物当作对象来认识,具有一种理解力的认识,作为一般意识的主体运用抽象的概念和方法为自己塑造了一个观念的科学的世界。主体在观念世界中,以科学的知识去观察事物和自身,把客体和主体自身都变成了研究对象。精神是主体在文化层次上的存在,在这个层次上,人是作为综合一切意识所思维的东西和实存着的现实的东西的各种观念性的精神总体。可见,实存、一般意识和精神以及相对应的各种世界实质上属于当前现存的东西,是已经存在在那里的事实,归划为大全的内在样式。

三、哲学的方法:超越

与内在样式相对应的是超越样式,即超于当前现存之外的东西。人是一种可能性,要理解作为可能性的主体就要超出当前现存的东西,从大全的内在样式飞跃到大全的超越样式。超越样式的主体大全是生存,超越样式的客体大全是超越存在。雅斯贝尔斯认为一切被认知的存在都是现成的存在,它是一种经过特殊把握的东西,是带有蒙蔽性、束缚性的东西,我们必须冲破这种封闭。要冲破这种封闭就要由一种飞跃来实现,要由实存、一般意识、精神的自我向可能的、大全的自我飞跃,这就进入了生存的境界,即个体就要超越实存自我、一般意识的自我以及精神的自我向生存飞跃。这种生存是独一无二的生存,是可能性的生存,因为生存是个人的存在,是人区别于他人的存在,所以生存是独一无二的生存;作为生存的人完全超出了他所在和所做的一切东西,因此想认识生存是徒劳的,它不能被具体地描述,只能被暗示和会意,所以生存又是可能的生存,人也是可能的生存。所以人的本质也是一个可能的生存,人没有先定的本质,人是自由的。

另外,生存是经验世界、观念世界和文化世界的基础,是每个自我存在的源泉,作为生存的人在实存上产生新的需要,在一般意识上产生新的理解力并在精神上产生有关艺术、道德等的新概念。雅斯贝尔斯把生存看作是大全的基础,可以说没有生存就没有主体大全,生存就是主体大全自身。可见,雅斯贝尔斯强调唤醒人的内在潜能,主张开发人的本质,使人获得全面的发展。

超越存在和生存都属于大全的超越样式,可以说,超越存在是雅斯贝尔斯为了摆脱作为生存本身的主体自我封闭而设立的,当主体大全从意识向生存飞跃时,客体大全就从世界向超越存在飞跃。雅斯贝尔斯没有明确说明超越存在的性质,只是通过超越存在与生存的关系抽象地说明超越存在,强调超越存在是与生存相关的存在自身,它是超越一切存在物的存在自身,它是不可认识的,可以说它是超越世界又渗透在世界之中。生存是由超越存在所给予的,而且以超越存在为基础,虽然任何被认识了的存在都不是存在本身,但每一个存在物都是指向超越存在的一个符号。可见,超越存在只是在与生存发生关系时才存在的,这可以理解为当世界与意识联系到一起时才存在一样。

同时,超越存在使意识进入生存,使生存具有无限可能性。

四、哲学的认识论:真理与理性

(一)真理

雅斯贝尔斯的认识论是要指明大全存在自身向我们显现的道路,这种道路就是"真理"。可以说真理就是在这一时间是准确无误的判断,另一时间却成了谬论,对一个人的生活表现为真知灼见的东西,对他人就有可能表现为错误。真理不存在于现存之物、可知之物或绝对之物,而在于各种在此之在所处的境遇提出了哪些要求,在此之在的真理是随着在此之在的变化而变化的,所以说,真理是相对的。因此,雅斯贝尔斯按照主体大全的各层次把各种真理做了分类,在各个层次上都有相应的真理观。首先,在实存层次上的真理观是实用主义的真理观,作为实存的个人具有本能和需要,要保持和发展自身,就需要一种观念来实现这些要求,而这种观念就是真理,可以说,这种真理是为个人利益所保持的个人经验。其次,一般意识层次上的真理观是自然科学和实证哲学的真理观,包括数学技巧和逻辑手段,这个层次上的真理观是对现代影响最大的真理观,认为真理是普遍有效的逻辑证明。再次,在精神层次上的真理观是历史继承的真理观,这种真理观不同于以上两种真理观,是一种将个体联合起来形成全体的真理观,致力于使每一个个体具有一致的历史继承的传统观念,从而通过每个个体的行为来体现全体。另外,在生存层次上的真理观是这样的:生存总是在实存、一般意识和精神中显露自己,生存本身是不可认识的,因为它自在自为,不依靠任何东西,因此存在的真理只能纯粹地无条件地依靠自己，而无须认识自己。因为生存的真理对于每个生存者来说都是存在的根本基础，所以生存的真理是特殊的、独一无二的、绝对的。可见，雅斯贝尔斯不仅把生存看作是大全存在的基础，同样也把生存真理当作一切真理的基础。

可以说，以上这些各种样式的真理都还不是真理本身，因为只看其中一种真理，而忽略其他真理的形式是看不到真理本身的，真理本身并不存在于任何一种孤立的、与他者隔离的真理形式中，它只能存在于各种意义上的真理之间的关系中。这就是一体真理，而这种一体真理就是真理本身，因为一体真理渗透在大全的一切样式之中，并把各种样式的真理观结合起来形成一个统一体，从而让我们体验到大全的存在。也正是这种真理才是"大全自身向我们显现的道路"。另外，这种一体真理不是固定的，而是变化运动的，因此，哲学的认识论的任务也就是寻求一体真理的统一。

（二）理性

既然真理是"指明大全存在自身向我们显现的道路"，那么理性就是真理获得的途径，并且只有理性才能做到这一点，它在本质上与生存是统一的，雅斯贝尔斯认为"只有通过理性，生存才能显明；只有通过生存，理性才有内容"。首先，他把知性与理性做了区分，知性思维与一般意识是同一类的，从中，并不能得到一体真理，不能认识将一切统一于自身的大全，因为知性思维把个体认识的对象固定并分割开来，知性思维是科学的认识形式，它运用可证实的概念和推理原则去思考对象，从而指向确定的对象，因此它是一种内在现象。而理性要高于知性，理性把对立着的一切事物中和一切理念中的矛盾调和统一起来,形成相互依存的整体,理性追求统一,但它不是单纯地为统一而追求随便哪一种统一,而是追求一切真理全在其中的那个统一,虽然理性并不由它自己产生出什么来,但它蕴涵于一切大全的最核心处,理性和生存一样,是通过一个飞跃从存在物的内在性中产生出来的,所以只有理性才能唤醒一切大全,使之成为现实。总之,认识、真理和理性不是来自于对客观对象的思索,也是来自于个体对临界境遇的体验。

五、哲学的交往论:自由与讨论

雅斯贝尔斯的交往论是从真理观中总结出来的,交往是寻求真理的源泉,主体大全的各层次上真理要交流,那么个体之间也要进行交流,是一个"爱的斗争"的过程。人类的交往是一个有经验性的"此在"交往走向超经验性的"生存"交往的过程,在这个过程中,每个个体寻求的不是使他人屈服于自己,而是在开放中与他人交往。人没有先定的本质,人是自由的,人不仅要从实存、一般意识和精神的自我向可能的、大全的自我飞跃,需要自我超越,还需要个体之间的交往,主体之间要正视别人的存在,主张与他人的对话交往。

作为个体的人只有在同其他个人的交往中才能体现其自由,并且只有与自由联系在一起才能实现人的真正的自由。他认为,个体有几种需要尽其全部人性去冲破的阻力。首先,绝对的阻力是每个人在本质上的不可改变性,只是在外观上有所变化;其次,是内在的可塑性;最后,则是人的原初自我存在。与这三种阻力相对,存在着与世界、与人和与超越存在的三种不同的交往。这几种交往主要是作为个体存在的自我之间的内在的精神交流、融合和心灵的沟通。交往中人与人之间都是自由的个体和主体,并且主体之间的交往不是单纯的物理学的交换和语言与语言的交换,而是每个个体都能各自成为真正的自我,成为真正的存在。另外,交往的方式有两种,分别是讨论和科学研究合作。雅斯贝尔斯认为讨论与辩论是截然不同的,因为辩论讲求逻辑,有固定的原则作为前提条件,依照固定的形式做推论,来证明对方的矛盾,更关注辩论的结果而不是内容。而讨论则是在主体交往的过程中,不依循固定的前提条件和固定的形式。讨论关注的是对方想说明的内容,个体在讨论中观点和立场是可以改变的,这种观点和立场也是在讨论中逐步形成的,但是讨论的结果并不一定使讨论双方有一个共同的看法,因此,可以说,讨论的每一个结论都是暂时的,它更关注内容而不是结果,同时,讨论要在一种良好的气氛中进行,要善于容纳别人的观点。另一种方式就是科学研究合作,合作一般有两种形式:一种形式是通过多人合作完成某一科学研究,这种科学研究交往中的个体是相互影响、共同进步的;另外一种形式是在一个共同的目标下,每个个体都为实现这个目标而奋斗并完成相应的一部分研究。

第二节 雅斯贝尔斯的教育观

雅斯贝尔斯的教育观是基于其存在主义哲学观基础之上的,哲学追求存在和超越,存在是一个至大无外的大全,存在永远没到尽头,对存在的追求永不停歇;人是可能的生存,具有无限的可能,人没有先定的本质,因此个人是不可替代的,要注重人的自由和生成。其教育观可以从他的生存哲学与对教育的论述中进行探究,具体可以通过雅斯贝尔斯教育观结构图梳理与厘清(图1)。

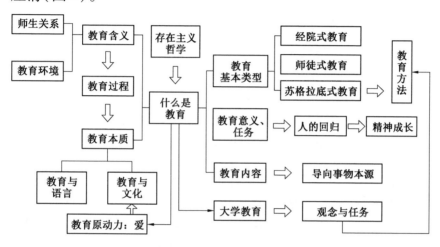

图1 雅斯贝尔斯教育观结构图

雅斯贝尔斯教育观的逻辑起点是基于他的哲学观,从对现行师生关系弊端进行批判、在教育环境重要性基础上进行建构阐述了教育含义。教育在于使受教育者"自由地生成,并启迪其自由天性",从而导向教育过程是受教育者"自我练习、自我学习和成长"的精神成长过程。在这个精神成长过程中,教育的本质显现为"人的灵魂的教育"以及对"终极价值和绝对真理的虔敬"。基于教育的本质,雅斯贝尔斯提出教育与语言的关系、教育与文化的关系,认为教育不只是为了语言能力的习得,也包括对事物认识能力的提高、探究事物的本质;爱是教育的原动力,爱是学习的基础。在教育基本类型中,雅斯贝尔斯崇尚苏格拉底式教育,并以此作为教育方法。同时,在大学教育观念和任务阐述中,雅斯贝尔斯提出大学具有学习自由和教学自由,大学教育在本质上是苏格拉底式教育,教育方法亦是苏格拉底式方法。教育的意义在于使人能够成为他自己,达到"人的回归",教育的任务在于促进人的"精神成长",教育内容是导向事物的本源。具体内容可以概括为以下几方面。

一、教育本质观

雅斯贝尔斯认为哲学的任务在于寻求存在是什么,而存在是一个广大无垠、无所不包、含主客体于自身的大全。作为主体的人的核心在于他是具有可能性的存在,要把握作为可能性的主体,就要突破大全的内在样式而飞跃到大全的超越样式中去。因此,在教育中要表现为生成,所谓生成,就是习惯的不断形成与不断更新,生成来源于历史的积聚和自身不断地重复努力。在表面上人的生成是于不知不觉的无意识之中达到的,实际上人的生成是人在困境中以清醒意识持续不断地从事某事的结果。他指出:"所谓教育,不过是人对人的主体间灵肉交流活动(尤其是老一代对年轻一代),包括知识内容的传授、生命内涵的领悟、意志行为的规范,并通过文化传递功能,将文化遗产教给年轻一代,使他们自由地生成,并启迪其自由天性。""真正的教育绝不容许死记硬背,也从不奢望每个人都成为有真知灼见、深谋远虑的思想家。"教育的过程是"让受教育者在实践中自我练习、自我学习和成长,而实践的特性是自由游戏和不断尝试"。

因此,"教育即生成",就是要使每个受教育者都能够主动地、最大限度地发掘自己天赋的潜力,使其内部灵性与可能性得到充分的发展。此时,将教育的作用由人的外部转向人的内心,认为教育应促进人的自由生成,教育的过程即是人的生成的过程,教育实质上是人的不断习得的生成。可见,教育并非简单的文化传递方式或一种机械式的授受活动,而是人与人精神相契合、文化得以传递的活动,总之,教育是促进受教育者自觉"生成"的一种方式,是使受教育者"顿悟的艺术"。

教育即生成意味着教育不能改变人生而具有的本质,不能强迫人成为什么样的人,只能根据人的生而固有的本性和可能性来使他们自由地生成。另外,教育即生成强调唤醒人的心灵,使人达到自我超越。个人进入世界而不是固守自己的一隅之地,因此,他狭小的存在被万物注入了新的生气。如果人与一个更明朗、更充实的世界合为一体的话,人就能够真正成为他自己。教育正是借助于个人的存在将个体带入大全之中。

因此,可以说,雅斯贝尔斯关于教育的本质从批判与建构两个层面进行论述,从现有师生关系、环境的重要性阐述教育的本质,并且雅斯贝尔斯深刻地批判了当时人们对教育本质的误解。"本来学生的学习目的是求取最佳发展,现在却变成了虚荣心,只是为了求得他人的看重和考试的成绩;本来是渐渐进入有内涵的整体,现在变成了仅仅是学习一些可能有用的事物而已。本来是理想的陶冶,现在却是为了通过考试学一些很快就被遗忘的知识。"雅斯贝尔斯深刻地认识到西方社会把科学技术置于国家利益之首位,使教育变成科学技术的手段,变成国家政治利益的手段,"使教育变得丧失根本目标而不稳定和支离破碎。它带给学生的不再是包罗万象的整体教育,而是混杂的知识"。

进而指出,"对终极价值和绝对真理的虔敬是一切教育的本质,缺少对'绝对'的热情,人就不能生存,或者人就活得不像一个人,一切就变得没有意义"。

同时,这种对真理的虔敬是以信仰为前提的。没有信仰就没有教育,最多只是教学的技术而已。这种信仰主要表现为一种心灵的唤醒,"真正的教育"或"好的教育"在于"促进灵魂的转向"。这种转向就是引导顿悟的艺术,即"灵魂的眼睛抽身返回自身之内,内在地透视自己的灵肉,知识也必须随着整个灵魂围绕着存在领域转动"。简言之,教育的本质就是人的心灵的教育,是人对人的主体间灵肉交流活动,是人的心灵的唤醒,这也是雅斯贝尔斯教育生成观的本质与核心。

二、师生观

根据雅斯贝尔斯的交往论,教育首先应是师生主体间自由交往的过程。这种交往是师生双方精神的交流、心灵的沟通,这种交流与沟通是靠师生之间的对话来实现的,因为对话是探索真理与自我认识的途径。有了这种交往,人就能通过教育既理解他人和历史,也理解自己和现实,就不会成为别人意志的工具,每个个体都能各自成为真正的自我,成为真正的存在。雅斯贝尔斯提出人与人之间的关系是一种"爱的理解","爱在彼此存在中实现"。落实在教育中表现为教师与学生之间亦是一种"爱的理解"的交往过程。雅斯贝尔斯认为爱有三个维度:升华,实现潜能,成为自己。因此,在师生关系中,爱是师生获得精神成长、唤醒心灵的基础与前提,爱的理解与精神交往统一于精神契合和文化传递与创新的活动中。可见,教师与学生因为

"爱"把彼此联系在一起,教师要在师生"爱的理解"的对话与交往中开发学生及自身生命潜能,实现对自身的不断超越,追求生命意义,成为优质自己。

"教师中心主义"即以教师为中心的观点,对学生自由天性的生成来说是极其不利的,教师"认为自己比学生优越,对学生耳提面命,不能与学生平等相待,更不能向学生敞开自己的心扉",这如同雅斯贝尔斯阐述的人的自我生成存在三种阻力,与之相对应存在三种教育方法、教育三种类型在与他人交往中个体会处在不同的环境中(表3)。他认为人的自我生成存在三种阻力:本质上的不可改变性、内在可塑性与原初自我存在,与之相对应存在三种教育方法,即训练、教育和纪律、存在之交流,因此,与他人交往存在三种相应状态,纯粹的客体、有计划的教育环境以及身心敞放、相互完全平等的关系。

表3 人的自我生成阻力—教育方法—与他人交往

人的自我生成阻力	三种教育方法	与他人交往
本质上的不可改变性	训练	纯粹的客体
内在可塑性	教育和纪律	有计划的教育环境
原初自我存在	存在之交流	身心敞放、相互完全平等的关系

三种相应的教育类型是经院式教育、师徒式教育、苏格拉底式教育。经院式教育仅限于"传授"知识,教材已形成一套固定的体系,教师照本宣科。在这种教育中,"教师本人无足轻重,只是一个代理人而已,可以任意替换"。这种教育对于学生来说,就是到学校学习固定的知识,学会一些现成的结论和答案。师徒式教育"完全以教师为中心。学生对教师的尊敬和爱戴带

有绝对服从的特点"。"教师的权威具有神奇的力量,这种力量满足了人类不愿自己负责而愿依附别人的需要。"在这种教育中,学生没有独立性、个性和创造性。这样的师生观必然导致教师越来越对学生缺乏爱心,以至于不是以爱的活动,而是以机械的、冷冰冰的、僵死的方式去从事教育工作。

  交往主要是作为个体存在的自我之间的内在精神的交流、融合和心灵的沟通。交往中人与人之间都是自由的个体和主体,并且主体之间的交往不是单纯的物理学的交换和语言与语言的交换,而是每个个体都能各自成为真正的自我,成为真正的存在。雅斯贝尔斯十分推崇的苏格拉底式教育就是一种师生平等式的教育。在教学中,"教师和学生处于平等地位,教学双方均可自由地思索,没有固定的教学方式,只有通过无止境的追问而感到自己对绝对真理竟一无所知"。教师的作用在于"唤醒学生的潜在力,促使学生从内部产生一种自动的力量,而不是从外部施加压力""使学生在探索中寻求自我的永无止境的过程"。"教师要把学生的注意力从教师身上转移到学生的自身,而教师本人则退居暗示的地位。师生之间只存在善意的论战关系,而没有屈从依赖关系。"教师要使学生"逐渐自我认识知识,探索道德"。因此,可以说,作为个体的人只有在同其他个人的交往中才能体现其自由,并且只有与自由联系在一起才能实现人的真正的自由,教师要启迪学生的自由天性,促使学生自由生成,就必须与学生处于平等的地位,给予学生爱并与学生真诚地交流。雅斯贝尔斯认为学生要具有自我负责的观念,并带着批判精神从事学习,因而拥有学习的自由;而教师则是以传播科学真理为己任,因此他们有教学的自由。在教育中,教师有教学的自由,学生有学习的自由,师生之间只存在善意的论战关系而没有屈从依赖关系,可见,作为交往过程的教育,体现了师生间的平等关系,没有权威和中心存在。

　　雅斯贝尔斯认为人与人之间的关系应是"存在之交流",这种存在之交流是"人将自己与他人的命运相连,处于一种身心敞放、相互完全平等的关系"。这也是雅斯贝尔斯推崇苏格拉底式教育方法探寻真理并把它作为大学中的交往方式,提倡师生平等交往与对话的缘由所在。同时,雅斯贝尔斯认为大学有四项任务(图2),对于大学中的教师与学生来说,学生具有学习自由,教师具有教学自由。学生在大学中具有自由与责任,是具有"创造精神的人"。学生这种学习的自由要在与教师交往、建立友谊的过程中促进自身精神发展。可见,大学师生关系也是师生之间"生命的精神交往"。同时,雅斯贝尔斯指出大学的课堂教学中教师是运用多样化教学方法激发学生精神生活,苏格拉底式平等的师生关系也存在于大学教师与大学生之间,要运用彼此讨论与对话进行交往,这种讨论是师生双方"具有交往精神的讨论"。

　　因此,雅斯贝尔斯的师生观认为教师与学生的关系是平等的,教师与学生之间是平等的富有生命的存在之交流,是"将自己与他人的命运相连,处于一种身心敞放、相互完全平等的关系"。教师和学生需要通过存在之交流冲破原初自我存在达到完全平等的生命构序。可见,在教育中是师生,是互为师、互为生,是生命与生命平等交往的过程,教师和学生需要在爱的理解

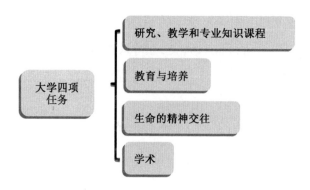

图 2　大学任务结构图

与生命平等交往中用生命陶冶生命,让爱在师生交往中流淌。

雅斯贝尔斯对教育与文化的关系的阐述也显现出师生交往观。他指出经验与思考二者的结合对于认识的重要性,因此,"学习只是一个人整个认识历程中的一瞬间,这一认识历程真正的进展在于个人经验与自我深刻反省的同时并进"。雅斯贝尔斯引用孔子的观点来阐释学习的重要作用,"学习是德行的保存""真正的学习是以不停地奋斗来克服不可避免的困难"。因此,"学习时要看内在的养成"。可见,师生之间是自由交往、平等对话的过程,是彼此显现爱的师生双方精神的交流、心灵的沟通,以唤醒学生的潜在力,使学生实现自我成长。

三、教育过程观

根据实存、一般意识、精神的自我向可能的、大全的自我飞跃,这就进入了生存的境界,并且把生存看作是大全的基础,从而呼唤着教育本质的回归,唤醒人的内在潜能。全部教育的关键是导向事物的本源,促进人的整体精神成长的过程。雅斯贝尔斯认为,教育不只是获得知识、技能和能力的活动,而且是师生共同参与其中的精神生活,"教育过程首先是一个精神成长过程,然后才成为科学获知过程的一部分",所以教育过程应是人的精神成长的过程。这种精神是知性的思维、活动和情感的整体,凡意识所思维的东西和作为实存的那些现实的东西,一切一切,都能被吸收到这个精神的各种观念性的整体里。雅斯贝尔斯又称这种精神为"整体精神",教育作为整体精神成长的过程,是促进人的知、情、意统一发展的过程。可见,传统的机械式教育就不利于学生整体精神的成长,只能训练体现他人意志的工具、社会的机器,而培养不出真正的人,生成的教育才能够促进人的精神的成长。另外,雅斯贝尔斯认为:"教育的过程是让受教育者在实践中自我练习、自我学习和自我成长,而实践的特性是自由游戏和不断尝试。"因此,教育的过程也是个体自我教育和自我实现的过程,是精神成长的过程,雅斯贝尔斯所重视的人是作为个体的人,在教育上,他十分强调学生的自我教育,认为真正的教育是自我教育,认为教育是个体自我教育和自我实现的过程,教育过程就是帮助人自由地成为他自己的过程。因为教育只能根据人的天分和可能性来促使人的发展,教育不能改变人生而具有的本质。

教育是"人的灵魂的教育",因此,教育内容"关键在于选择完美的教育内容和尽可能使学生之'思'不误入歧途,而是导向事物的本源。教育活动关注的是,人的潜力如何最大限度地调动起来并加以实现,以及人的内部灵性与可能性如何充分生成,质言之,教育是人的灵魂的教育,而非理智知识和认识的堆集。通过教育使具有天资的人,自己选择决定成为什么样的人以及自己把握安身立命之根"。可见,教育内容应以原初的知识为主要内容。教育的作用不是强迫学习,"只有导向教育的自我强迫,才会对教育产生效用"。

教育的根本目的就是通过培养不断地将新的一代带入人类优秀文化精神之中,让他们在完善的精神中生活、工作和交往。在这个整体精神成长的过程中,也要让"受教育者在实践中自我练习、自我学习和成长"。雅斯贝尔斯所重视的人是作为个体的人,在教育上,他十分强调学生的自我教育,认为真正的教育是自我教育,认为教育是个体自我教育和自我实现的过程,教育过程就是帮助人自由地成为他自己的过程。在实践中,他要求他的学生要追随他们自己。因为教育只能根据人的天分和可能性来促使人的发展,教育不能改变人生而具有的本质。因此,教育者的终极使命就是把受教育者引到自我教育的道路上,帮助个人自由地成为他自己。

四、教育方法观

雅斯贝尔斯哲学的认识论是要指明大全存在自身向我们显现的道路,这种道路就是"真理"。哲学的认识论的任务也就是寻求一体真理的统一,一体真理就是真理本身,是将各种样式的真理观结合起来形成的统一体,而理性就是真理获得的途径。要达到理性就要理解自己和现实,因此,雅斯贝尔斯特别推崇苏格拉底的"催产术",并提倡交往的教育方法,因为如果存在的交往成为现实的话,人就能通过教育理解他人和历史,就不会成为别人意志的工具。雅斯贝尔斯认为苏格拉底式教育是顺应人的心灵的需要,苏格拉底的对话也是一种深入心灵深处的对话,通过对话和反讽来唤醒学生内在的潜在力,促使学生从内部产生一种自动的力量,逐渐自我认识知识、探索道德。苏格拉底主张经验不是知者随便带动无知者,而是师生共同寻求真理。这样师生可以相互帮助,互相促进。因此,这种教育方法不仅形成了师生交互性的关系,而且也使知识转变为学生个人的认识,使学生的精神受到对话的启迪和引导。

同时,雅斯贝尔斯从知识分类上也提出"对话"作为教育方法的重要性,他将知识分为原初知识和现行知识两类,并认为这两种知识的可教性和传递性截然不同。关于本源性的知识是无法直接传递的,只有通过"对话"才能达到"真理的间接传达"。师生在似是而非的自我理解中寻找难题,在错综复杂的困惑中被迫去自我思考,教师指出寻求答案的方法,提出一连串的问题,而且不回避答疑。"对话的唯一目标便是对真理的本然之思",这样教育能够促进人"获得反思和辩驳能力"。另外,"占有知识并不等于陶冶",因为知识的积累最多只是精神内容的代名词,而陶冶是人的第二天性,"正是在陶冶过程中,内在精神才被真正唤醒",才使人成为他自己。"陶冶是交流、唤醒和自我实现的中介。"因此,陶冶应成为最主要的教育方式,"陶冶使得受教者之间的交流成为可能"。

另外,雅斯贝尔斯指出,只有导向教育的自我强迫,才会对教育产生效用,不能用强迫的方法逼学生学习,因为它削弱了学生的"反思能力"和"反复思考的习惯",强调所有外在强迫都不具有教育作用,相反,对学生精神害处极大,所以应把"要我学"变成"我要学"。教育要适应学生的天性和能力,因材施教,真正的教育绝不容许死记硬背,教学要使学生掌握知识,更要培养学生的学习主动性和理解力、思考力等能力,因此,提倡苏格拉底式教育方法也体现了师生关系的平等,彼此间可展开积极讨论和交流。对于大学教师与大学生来说,大学具有学习自由和教学自由。大学教师应"注意发现比较优秀、能超越自己的学生",大学生具有学生的自由与责任,应是具有"创造精神的人"。大学教育在本质上也要运用苏格拉底式教育方法,交往的方式是具有生命精神交往的"彼此讨论",这种教育方法是建构平等、没有权威的师生关系的基础。

五、教育意义观

根据存在是一个至大无外的大全,存在永远没到尽头,人们对存在的追求应无休无止,相对应的人是可能的生存。人没有先定的本质,具有无限的可能,个人是不可替代的,要注重人的自由。教育的意义就在于首先教育是属于人之为人,回归人的生命,促进人的精神成长。它必须是全民的教育,不能局限于某个阶层。其次教育不能是权威的,教育要帮助个人自由地成为他自己,教育要以从自由中不断地获得东西为其内容,所以要尊重人的自由,让受教育者自己明白学习的动机,另外,允许他们轻视不合格的教师,而敬爱那些不滥用权威并以德服人的教师。针对不良倾向,制定纪律是必需的,这种纪律能控制滥用自由的任性,纪律与获取知识技能一样,是使教育彰显效力的前提,并且教师有责任维持秩序和形式,使世界的精神财富流传下去。这种秩序和形式要符合个人的兴趣,满足人的精神需要,并能塑造人,在教育中,要着重关注教育和教学的精神。

雅斯贝尔斯认为人不只是经过生物的遗传，更主要是通过历史的传承而成为人，人的教育重复出现在每一个人身上，在个人赖以生长的世界里，通过父母和学校的有计划教育，自由利用学习机构，从而将其一生的所见所闻与个人内心活动相结合，此时，人的教育成为人的第二天性，教育正是借助于个人的存在将个体带入全体之中，个人进入世界才能真正成为他自己，因此，教育要使个人在全体之中发挥无限的可能性，达到自我超越。

雅斯贝尔斯从人们对教育的误解——"人们所理解的教育只是将青年人培养成有用之才"对教育意义与任务进行论述，指出教育的价值应是"精神生活的陶冶""人的陶冶"，本真的教育应是"人的回归"。教育的意义就在于使人能够成为他自己，需要"借助于个人的存在将个体带入全体之中。个人进入世界而不是固守着自己的一隅之地，因此他狭小的存在被万物注入了新的生气。如果人与一个更明朗、更充实的世界合为一体的话，人就能够真正成为他自己"。因此，个人进入世界才能真正成为他自己，教育要使个人在全体之中发挥无限的可能性，达到自我超越。另外，教育的任务在于使"学生在实践中不断完成精神的成长"。

第三节　雅斯贝尔斯教育生成观的特征

教育生成观是使每个受教育者都能够主动地、最大限度地发展自己天赋的潜力，使其"内部灵性与可能性"得到充分的发展。教育实质上是人的不断习得的生成，促进人的自由生成，教育的过程即是人的生成的过程。因此，雅斯贝尔斯教育生成观的特征可概括为以下几个方面。

一、注重唤醒人的精神和心灵

教育要使人自由地生成,意味着教育不能改变人生而具有的本质,不能强迫人成为什么样的人,只能根据人的生而固有的本性和可能性来提升人的精神境界,要注重唤醒人的精神和心灵。教育不是传授或接纳某种具体的知识、技能,而是要从人生命深处唤起他沉睡的自我意识,这也是人作为个体的创造力、生命感、价值感的觉醒。教育使具有天资的人自己选择成为什么样的人并自己把握安身立命之根。可见,教育应开发人的本质以及注重人的自由发展,强调教育者与受教者平等的关系与主体性,特别是受教育者的自由发展。因此,教育要唤醒人的精神和心灵,重视主体的人,他抨击了现实教育中忽视人、压抑人的现象,呼吁教育改革,认为人的回归才是教育改革的真正条件。

教育即生成也是人的精神和心灵的教育,是精神的而非物质的,是一种心与心的对话与交融。教育面对的是活生生的个体,每个受教育者有各自的生活体验,因此,教育者不能"对学生耳提面命,不能与学生平等对待,更不能向学生敞开自己的心扉",否则这样的教育者所制订的教学计划,必然会以我为中心。可以说,教师的任务就是要唤醒人的潜在的本质,唤醒人的潜在力,逐渐自我认识知识,探索道德。由此可见,教育强调的是要让师生处在一个平等的教学环境里,这个教学环境里,受教育者可以自由发挥自己的聪明才智,与教育者自由平等地对话。而如何使教育的文化功能和对心灵的铸造功能融合起来,成为人们对人的教育反思的本源所在。总之,教育要导向生命的本源,是对人的精神和心灵的引导,教育是唤醒心灵的教育,是一种心灵的交流、人格的感染。

二、注重自我超越

哲学的方法是超越,主体大全要由意识向生存超越,客体大全要由世界向超越存在超越,总之,个人就是要通过不断自我超越以达到生成。人永远不能穷尽自身,人的本质不是不变的,而是一个过程,教育是人的不断习得的生成,因此,教育目的的达到是个人"自我超越"的过程,人要成为完整的人在于自身的不懈努力和对自身的不断超越。那么教育者就不能给受教育者现成的答案,而要让他们自己通过探索去得出结论。

雅斯贝尔斯指出教育有三种类型:经院式教育,这种教育仅仅限于传授知识,教材是一套固定的体系,教师只是照本宣科,而自己毫无创新,教师的地位是无足轻重的,只是一个代理人而已,可以任意替换,可以说这种教育是以教材为中心的;师徒式教育,在这种教育中,学生对教师的尊敬具有绝对服从的特点,教师和学生之间的距离是本质上的,可以说这种教育是完全以教师为中心的,具有个人主义的色彩;苏格拉底式教育,这种教育教学双方可以自由思索,没有固定的教学方式,只有通过无止境的追问,受教育者才能感到自己对真理的一无所知,教师要激发学生对探索求知的责任感,可以说在这种教育中,教师和学生处于一个平等的地位,或者说教师只是退居一个暗示的地位。雅斯贝尔斯崇尚第三种教育类型,即苏格拉底式教育,因为教师要把学生的注意力从教师身上转移到学生的自身,师生之间只存在善意的论战关系,而没有屈从依赖关系,它使受教育者能够自我超越,促使学生从内部产生一种自动力量,在教育中,每个人都要负起超越自身存在的责任。

三、注重自由

教育即生成意味着教育不能改变人生而具有的本质,不能强迫人成为什么样的人,只能根据人的生而固有的本性和可能性来使他们自由地生成。因此,教育生成观还强调自由,雅斯贝尔斯认为"我们所谓个人自由,是指独立思考,根据自己的见解行动""自由就是为了自由",为了提醒人去注意人的尊严,为了使人对其可能或对其前途的思维明亮起来,为了倾听超越存在向人诉说的语言。自由是与控制相对而言的,控制是在主客体完全疏离的情况下,将个体的意志强加于他人身上,而自由是对束缚的解脱,是在主体能动范围内最大限度地实现主体的意志。教育是属人的,人的转变是教育的最终目的,而人只能自己改变自身,并以自身的转变来唤醒他人,在这一过程中如果有丝毫的强迫与压制,那就不会达到生成的效果,因此,教育绝非外在的强迫与控制,而是要帮助个人自由地成为他自己,不强求一律。

可以说,人的自由一方面是由于从临界境遇中意识到自己的有限性,另一方面是由于和绝对而永恒的东西相比较的结果。他之所以能凭自己站得住脚,是靠着一只无形的从超越界伸给他的手,他只因自己的自由,才感到这只手的亲临。如果教育变成了权威,那它就失败了,因此,自由也是生成的必要条件。

四、注重师生交往

教育要使受教育者自由地生成,并启迪其自由天性,就与交往密不可分，并且这种交往是真诚的交流。因为自由就是人通过真实的互相交往而实现其为真正的人。雅斯贝尔斯认为人在自我生成上存在着三种不同的教育方法：第一种是训练，第二种是教育和纪律，第三种是存在之交流。训练是一种心灵隔离的活动，"教育则是人与人精神相契合、文化得以传递的活动，而人与人交往是双方的对话和敞亮"，这种"我与你"的关系是人类历史文化的核心。如果存在的交往成为现实的话，人就能通过教育既理解他人和历史，也理解自己和现实，就不会成为别人意志的工具。教育和接受教育，一切教育都是在交往中实现的，人的生成只有在人与人之间的相互交往中才能产生和发展，教育活动是在教师与学生之间进行的，教师与学生总是处于共同的教育情境中，双方总是在共同的交往中沟通。在完整的师生交往中，教师不仅仅只是传授知识，而是将更多地创造师生交往的机会，使学生在交往中体验到平等、自由、民主、尊重和信任，同时受到激励、鼓舞、指导、忠告和建议，形成积极的人生态度与情感体验，学生不再被动接受知识，而是自己得到问题的答案。在交往中，教师和学生双方在精神的理解和沟通中都获得了新的经验，获得精神的扩展，各自都接纳了对方，构成了双方之间的精神交流，教师才能在暗示的地位上真正成为学生的指导者，使之自由地生成，完成自身的自我选择和自我超越。

　　交往中人与人之间都是自由的个体和主体，作为个体的人只有在同其他个人的交往中才能体现其自由，并且只有与自由联系在一起才能实现人的真正的自由。雅斯贝尔斯认为师生之间的教育交往的主要形式是对话，因为对话真正地使教师和学生在相互作用中达到了理解,精神获得沟通。在对话的交往关系中,教师从不作为知识的占有者和给予者,而是通过对话启迪学生的精神,并且在对话中学生自己发现知识,获得智慧,从而使每个个体都能各自成为真正的自我,成为真正的存在。雅斯贝尔斯指出在教育中教师对年轻一代的爱护并非降低格调,而是达到自我升华。"爱在彼此存在中实现",因此,爱是教育的原动力。师生自由、平等交往要在彼此显现的爱中促进学生自我生成与成长。

第三章　课堂教学生成作为教师教育模式改革主体问题的本源探索

教师教育模式直接决定教师培养质量，从本质上直接影响教育质量高低。教育高质量发展诉求推进了教师教育模式变革与创新，对教师教育模式转型提出了新挑战。为明确本研究的核心内涵界定，需要先从源头问题——大学在教师教育中的价值性问题进行探究，以明确课堂教学生成作为教师教育模式改革主体的本源问题。对教师教育模式变迁、理念、目标与内涵的探究可以明确课堂教学生成与教师教育模式的关系，为进一步理解课堂教学生成作为教师教育模式变革主体问题的内在本质奠定基础。

教师教育作为一种专业领域并不是随着大学的建立而出现的，而是现代教育发展的产物。在早期的大学中，教师在大学人才培养目标中占有一定比例，但这时还没有出现专门培养教师的机构，随着教师角色需求的专业化以及对高素质教师的要求，出现了师范大学和综合类大学来培养教师，提出了由大学培养教师的必然诉求。然而，有学者提出了"'教'可教吗"的问题，即"教"需要机智且"教"是实践智慧、能力之知、缄默知识，而这些都是不可教的，"教"只可间接教育，只能受其影响。凯瑟琳·斯科特、史蒂夫·迪纳姆也提出教师的能力是天生的而不是培养的,主要是性格造就了好老师。而L. D. 哈蒙德提出教师教育能够帮助教师学习,经过充分教师教育培养及认证的教师比未受过相应培养的教师更受学生欢迎。可见,对这一问题的探究是本书研究的本源问题,也是研究的导向问题。

第一节 关于教师教育路向的现实调查

关于大学在教师教育中的价值性、好老师是天生的还是培养的不同取向的观点,为探究其现实情况,2021年6月,作者编制了以"教师教育之路向"为主题的调查问卷,内容主要涉及职业理想与敬业精神,专业能力,学科知识、教育教学知识,好老师的本质及教师养成的影响因素,大学在教师培养方面的问题五个维度。本调查共向中小学在职教师发放问卷181份。其中男女比例分别为20.44%和79.56%;师范生96人、非师范生85人。

一、职业理想与敬业精神分析

(一)从选择教师职业的原因上看

调查对象在选择教师职业的原因上,选择自己喜欢的共117人,占64.64%;选择容易就业占22.1%;选择调剂占10.5%。其中,师范生选择自己喜欢的占59.38%,非师范生占70.59%;调剂选项中师范生占14.58%,非师范生占5.88%。可见,大部分教师由于自己喜欢而选择教师职业;对教师职业的就业观较积极;相对于师范生来说,非师范生可能由于更加喜欢做教师而后选择教师职业,因调剂者比师范生少可能也是其原因之一。

（二）从热爱教育事业和自己所教学科，在事业上有强烈的成就感上看

在热爱教育事业和自己所教学科，在事业上有强烈的成就感上，选择完全可以、基本可以、可以的教师共占 98.34%；在形成时间上主要在大学见习、实习（36.72%），其次是大学期间理论学习（23.16%）、职后（20.34%），大学前比例最小（19.77%）。可见，大部分教师具有较高的职业理想和敬业精神；另外，大学见习、实习占有比例为各成分之首，这表明在教师成长过程中，大学期间的见习、实习是职业理想和敬业精神形成的主要阶段，其次是大学期间理论学习阶段，随后是职后和大学前阶段。说明教师在职业理想和敬业精神上是可以培养的，同时要加强职后阶段的职业理想培育。

可见，在教师职业的选择上非师范生在喜欢当老师的程度上更高。从不同类别教师在职业理想与敬业精神上形成时间的差异可见，大学期间理论学习阶段其非师范生形成要少于师范生，说明教师教育理论学习可以促进教师形成一定的职业理想和敬业精神。

二、专业能力分析

（一）从热爱学生、与学生交往能力上看

在能够热爱学生，与学生关系融洽，无论是优秀生还是学困生一样喜欢上选择完全可以、基本可以、可以的教师共占 98.33%；在形成时间上主要在大学见习、实习（37.29%），其次是大学前（25.99%）、大学期间理论学习（22.03%）、职后（14.69%）。可见,大部分教师能够热爱学生,具有与学生交往的能力。另外,从其形成时间上表明大学期间见习、实习是热爱学生,具有与学生交往的能力形成的主要阶段,可见在实践中所收获的指导与模仿是其形成的主要因素；大学前其形成要高于大学期间理论学习,说明大学期间理论学习在培育准教师热爱学生、与学生交往能力上有待提高；职后比例最低,表明教师在职后的真实教育情境中如何做到公平地热爱学生是需要思虑的。另一方面,师范生选择见习、实习上要高于非师范生19%,从中体现大学见习、实习对学生交往的能力形成的重要作用。

（二）从反思教学内容、运用教学方法能力上看

在可以正确处理并反思教学内容,结合学生的个性特点正确选择和使用教学方法上,选择完全可以、基本可以、可以的教师共占91.72%；选择基本不可以、不可以共占8.28%；在形成时间上首先是大学期间理论学习（34.94%）,与大学见习、实习（33.13%）所占比例持平,其次是职后（21.09%）,最后是大学前（10.84%）。可见,大部分教师具有反思教学内容、运用教学方法的能力,小部分教师没有反思教学内容、运用教学方法的能力；大学理论学习与大学见习、实习形成时间基本同步,职后形成时间相对较少,说明在教学内容处理以及教学方法分析上大学教育基本做到教学理论与实践相融合,在其职后阶段需要加强反思教学内容、运用教学方法能力的培育。

（三）从语言表达能力上看

在口头和书面表达的能力形成时间上首先是大学期间理论

学习、大学见习、实习所占比例持平,其次是大学前,占比例最少是职后。可见,其语言表达能力在大学理论学习与大学见习、实习形成时间基本同步,职后形成时间最少,说明在其职后阶段对教师语言表达能力的培育不强。另外,从不同类别教师在语言表达能力上形成时间的差异可以看到(图3),非师范生在大学见习、实习、大学前阶段其形成要少于师范生,说明大学见习、实习对于小学教师教育培养的重要作用,师范生具有较好的先天的语言表达能力;而在大学期间理论学习和职后,非师范生要高于师范生,非教师教育课程也可促进教师语言表达能力形成,职后非师范生更注重语言表达能力的提升。

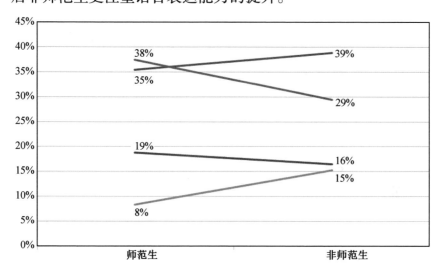

图3　不同类别教师在语言表达能力上形成时间的对比图

(四)从教育机智基础上看

在有效调控教学过程,合理处理课堂偶发事件上基本可以占46.41%、完全可以24.86%、可以占21.55%，可见大部分教师基本可以具备教育机智。在形成时间上依次为大学见习、实习,职后与大学期间理论学习基本持平,大学前最少。表明大学期间见习、实习是教育机智形成的主要阶段,大学期间理论学习基本能够与职后阶段相融合地促进教师教育机智的养成。另一方面,除非师范生在见习、实习上要低于非师范生10%,其他三个阶段都高于师范生,教育机智能力的培育也可以通过非师范理论学习及职后实践来形成。在可以将大学时所学的教育观念进行推理,根据现实情况运用到实际的教学中选择基本可以占大多数,其中师范生可以所占比例均高于非师范生;选择不可以为14人,其中大多数是非师范生。因此,可见教师教育学习可以促进理论与实践的融合。

（五）从教学科研能力上看

在教学科研能力上,形成时间上依次为大学期间理论学习,大学见习、实习,职后,大学前最少。表明大学期间理论学习是教学科研能力形成的主要阶段,职后需加强教师教学科研能力的培育。另一方面,除非师范生在职后阶段教学科研能力的形成高于师范生,其他均低于师范生。可见,非师范生可能由于没有经过系统的、专门化的教师教育理论学习,致使其大学期间和见习、实习期间科研能力低于师范生。

三、学科知识、教育教学知识的分析

在了解教育的基本原理和主要方法,掌握所教学科的知识体系和学科课程标准上,选择完全可以、基本可以、可以的教师共占97.77%;在形成时间上主要在大学期间理论学习

(62.2%),其次是大学见习、实习(18.1%)、大学前(10.7%),职后比例最小(9.0%)。可见,大部分教师能够掌握学科知识、教育教学知识,并且在形成阶段中,大学期间理论学习是掌握所教学科知识和教育教学知识的主要时期,大学见习实习也有助于了解一定的学科、教育学知识,职后比例最低,说明需要加强职后阶段对教育教学、学科知识的掌握。

另外,从不同类别教师在学科知识、教育教学知识的掌握上,除大学期间理论学习阶段其非师范生形成要少于师范生,其他阶段持平,说明小学教师教育理论学习也可以促进教师掌握学科、教育教学知识。

四、好老师的本质及教师养成的影响因素的分析

在认为好老师是天生的还是后天培养上,大部分教师选择是可培养的,占比87.85%,而且师范生与非师范生可培养的比例基本持平,可见在教师观念中一名优秀教师不是天生的,而是可以培养的。在对教师培养贡献度的影响因素中可知教育见习、实习所占比例最多,其次是大学教师教育理论学习(教师教育类课程略高于学科教育类课程),表明教育见习、实习在教师培养中是主要影响因素,大学教师教育理论学习也是主要因素,更加说明好老师是可以通过大学教育培养的;其中个性也是教师养成的主要因素;教师的榜样作用要小于前面所列影响因素,同学在所有影响因素中所占比例最小。

五、大学在教师培养方面存在问题的分析

在认为大学在教师培养方面还存在哪些问题中,大部分教

师填写学校学习的理论与实际情况不能很好地结合、实践课程过少;学生实习期间容易学习大学老师的讲课风格,但这种风格并不适合中小学。其中理论与实践是否能够很好地融合是所列主要问题。

从以上几个维度的调查分析可以看到,教师是可培养的,而且大学在教师教育培养中充当重要角色;大学见习、实习以及大学期间理论学习是影响教师养成的主要阶段;师范生受职前影响较多,非师范生受职后影响较多;在教学内容处理以及教学方法分析上大学教育基本做到了教学理论与实践相融合,但其他维度在职后阶段的养成有待提高;师范生具有较好的先天语言表达能力,职后非师范生更注重语言表达能力的提升。

因此,从现状调查可见,教师职业理想与敬业精神、专业能力、学科知识、教育教学知识的形成,在四个阶段上的比例是不同的,主要集中在大学见习、实习和大学期间理论学习上,除教育机智形成中职后与大学期间理论学习基本持平外(其比例也小于大学见习、实习),职后(如热爱学生、与学生交往、语言表达能力、学科、教育教学知识)相对较少,因此,教师教育的路向首先要将教师职前、职后培养一体化,使两个阶段发展均衡地促进教师的培育,这也是教师教育模式变革在培养阶段上需要考虑的问题。具体说来,其一,要加强大学与中小学之间的联系,建立中小学教师教育培养共同体,发挥 U-D-S 中小学教师教育模式培养教师的作用,不断反思教育理论与实践,因此,进行中小学教师教育的大学都需要建立与中小学的教师培养合作关系;其二,提升教师入职、职后培养力度,不断完善教师职业理念与师德、专业知识与专业能力等,注重提高教师的职业技能和教育胜任力,增加教师在职进修的形式,提高内容灵活多样性;其三,大学及中小学教师教育者要关注教师的整个生命阶段,在职前、在职、职后关注教师"全景式"培养,使教师热爱学生、与学生的交往能力在大学理论学习期间打好基础,在课堂教学中通过与教师教育者的交往提升自己与今后教育对象的交往能力,教师教育者要做好示范。专业知识、专业能力的培养也要在准教师全阶段中形成与养成。

另外,大学在教师培养方面存在问题调查中,提出最多的问题就是理论与实践不够融合,学校实践课程较少,同时,虽然大学见习、实习和大学期间理论学习对教师培养贡献度最高,但在各个维度上这两个阶段发展比例并不相近或持平,比如在热爱学生上大学期间理论学习所占比例小于大学前和大学见习、实习阶段,因此要建构大学期间理论学习与见习、实习融合度也是教师教育模式变革需要注意的方式问题。其一,要建构实践取向的大学教师教育类课程与学科教育类课程内容,减少较复杂的理论学习;其二,将优秀的一线教学实践案例充实到大学专业理论学习中;其三,将在实践中反思融合在课堂教学、见习、实习中,将课堂学习、见习与实习中的体会补充到理论学习中,以提升教师的实践智慧,创设生成性知识,构建民主、平等的师生交往环境。

在好老师是天生的还是可培养的这个问题的调查中可知教师不是先天的,而是培养的,大学在小学教师教育中具有重要作用,认为教师是先天的观点也是不恰当地对自我角色进行了定位。因此,教师教育模式要注重教师自我角色的塑造。其一,在大学教师教育课堂教学中,注重通过自由交往、平等对话生成准教师对教师自我角色的正确认知,增强其成为优秀中小学教师的信心,意识到教师职业的使命与责任,要从党的二十大精神和习近平总书记系列重要讲话精神中寻找敬德修业的路径、方法,提升教师在各方面的理论与实践素养。其二,要把握好师范生的先天优势,如语言表达能力在大学前优于非师范生,在课堂学习中积极、勇敢地表达自己的观点与见解,利用自己的优长塑造教师自我形象,不断提升自己。其三,教师教育者要通过榜样示范作用引导教师塑造良好的自我角色,站在新时代中国特色社会主义思想的高度促进新时代教师师德发展,为培养"四有"好老师和"四个引路人"夯实基础。

从现有调查可见,大学在教师教育中充当重要角色,在培养教师职业理想与敬业精神、专业能力、学科知识及教育教学知识等方面具有关键作用,教师需要接受正规的、专业的知识、能力及实践智慧的滋养,这对于教师教育阶段如何、为何培养教师提供了可参考的价值。因此,教师需要彻底的、全面的、系统的教师教育培养,而合格、优秀教师培养的关键也在于教师教育模式变革的内涵与目标,可以说,这一结论也为教师教育模式变革理念、路径、方法、目标等提供了参考,尤其是对教师教育模式变革的主体问题提供了本源性探究与支撑。

第二节 教师教育模式的变迁与内涵

教师教育模式要从基于核心素养的模式变革出发,坚持把高质量教师队伍培养作为核心目标,从教师教育模式变革的主体问题——课堂教学生成视角推进教师教育模式变革的进程,全面推进教育高质量发展,培养高水平、高质量的教师。对教师教育模式变迁、理念、目标与内涵的探究可以明确教师教育模式变革的主体问题的内涵、本质,进一步明确本书研究的理论自觉。

一、教师教育模式的变迁与研究现状

从我国教师教育模式变迁来看,我国教师培养可分为三个阶段,分别是中师培养的发端阶段,专科培养的提升阶段,本科、研究生培养的主流阶段。1912 年,中华民国颁布《师范教育令》,初级师范学堂改为师范学校,优级师范学堂改为国立高等师范学校。1913 年颁布了《高等师范学校规程》,规定了公费生免纳学费。1932 年国民政府通过的《确定教育目标与改革教育制度案》中规定师范学校应脱离中学而单独设立,师范大学应脱离大学而单独设立。1938 年颁布了《师范学校规程》,决定单独设立或在大学中设立师范学院,学制 5 年,以培养中等学校师资。

新中国成立后,在 1951 年第一次全国师范教育会议上,拟订了全国中等师范学校设置计划与高等师范学校调整设置的原则,重点发展中等师范学校。教育部于 1952 年颁布了《中等师范学校暂行规程》,逐步建立了"中等师范学校、高等师范专科学校、师范大学分别培养小学师资、初中师资与高中师资的三级教师教育体系",中师培养模式为初中毕业学制为 3 年或 4 年,专科层次教师培养模式是初中起点学制 5 年,高中起点学制 3

年。20世纪80年代教育部颁布了《关于办好中等师范教育的意见》,明确了中师为小学培养师资的目标,学制为3—4年。1984年,江苏南通师范学校进行初中起点"五年一贯制"专科层次的教师培养实验。1989年国家教育委员会颁布的《三年制中等师范学校教学方案(试行)》中增加了选修课、课外活动。

到了20世纪90年代,我国开启了本科层次的小学师资培养。1997年,国家教育委员会提出将小学教育专业纳入普通高等教育。1999年教育部颁布的《关于师范院校布局调整的几点意见》中提出由三级师范(高师本科、高师专科、中等师范)向二级师范(高师本科、高师专科)过渡。2001年《国务院关于基础教育改革与发展的决定》提出,完善以现有师范院校为主体,其他高等学校共同参与的开放的教师教育体系。2003年拉开了培养硕士层次小学教师的帷幕。2014年教育部出台《关于实施卓越教师培养计划的意见》,2018年教育部发布《关于实施卓越教师培养计划2.0的意见》提出了培养"素养全面,专长发展"的卓越教师,进一步引导了关于卓越教师培养模式的探索。2022年教育部等八部门印发《新时代基础教育强师计划》(以下简称《强师计划》),明确提出"支持高水平综合大学开展教师教育,推动师范人才培养质量提升"。《强师计划》目标任务是到2025年,建成一批国家师范教育基地,形成一批可复制可推广的教师队伍建设改革经验,培养一批硕士层次中小学教师和教育领军人才。

纵观我国教师教育模式的变迁与发展,可以看到"自新中国成立以来,我国已经建成了世界上最庞大的教师教育培养体系",我国从顶层设计层面对教师教育队伍建设尤为重视。目前,高师中小学教师本科、硕士培养成为我国中小学教师培养的主力军,中学师资培养主要由高等学校承担,教师教育模式是"学科+教育"的双专业模式。小学教师自本科化培养以来,逐渐打破了"中小学不分"的局面,形成了具有自身特色的教师教育模式。

在中国期刊全文数据库中,国内有关教师教育模式的研究从2001年开始,起步稍晚。以"教师教育模式"为篇名的文献其研究主题按照数量由多到少的顺序,排在前三位的依次为全科型教师、本科教师、模式分析。可见,从教师教育模式变革的主体问题——课堂教学视阈下探究较少,另外,围绕教师教育模式这一主题的代表性研究成果大体可以分为如下几类:(1)对教师教育人才培养模式的研究。如王智秋(2007)在研究中,指出教师教育纳入高等教育体系的历史必然性,教师教育专业的人才培养应立足于对教师特质的研究,同时指出"综合培养、发展专长、注重研究、全程实践"的教师教育专业人才培养模式的架构。谢培松(2007)在文中探讨了综合培养、分向发展的本科层次教师培养模式的构建。(2)对教师教育模式类型的研究。如刘慧(2011)在基于高师教师培养模式的分析中提出教师教育作为一个独立的教育学类专业,其学科基础不可能是"学科+教育",而应有自己独立的学科基础。马云鹏(2008)提出我国教师教育本科专业自1999年建立至今,有三种代表性的培养模式——分科型、中间型、综合型。卢正芝(2002)综合现有教师培养模式的利弊,借鉴国内外教师培养的成功经验与发展趋势,认为3+1、4+2模式值得人们关注。(3)不同取向的教师培养模式研究。如陈向明(2013)提出教师应对实践开展自主反思。陈威(2013)提出实践取向的教师教育理念,在教师培养中加大实习学时的比例。围绕基于核心素养的教师教育培养模式研究大体可以分为如下几类:(1)从某一具体学科角度对教师核心素养进行论述。如张莉在社会认知视域下论述英语教师核心素养一体化培养。(2)从学生核心素养论述教师专业发展。如沈萍霞基于学生核心素养的教师专业发展路径探索。

国外围绕教师培养模式的研究大体可分为如下几类:(1)不同国家的教师教育模式类型。英国教师培养中,学科专业学习与教育专业训练同时进行,简称4+0模式,以教育学士学位(BED)课程为代表。课程结构由教育理论、教学技能、教学实践经验、主要课程4部分组成。美国教师教育的"双专业理论"纠正了过去不重视学科知识的传统,确立了"学者型教师"的培养目标,大多采用4+1模式。日本以培养具有多学科教学能力的教师为目标。在日本,要成为教师要在大学取得学士学位修教职课程,毕业后认定教职许可证,持许可证参加任用选考,合格者在派任学校接受1年试用,合格者成为正式教师。德国教师首先在大学进行理论学习,必须进行较短的实习。通过国家考试者有资格作为见习教师参加第二阶段的训练,第二阶段主要在"见习教师研习班"和实习学校进行,以第二次国家考试告终。(2)不同取向的教师培养模式研究。如研究取向的教师教育模式,以芬兰为代表。Niemi(2010)论述教师的培养要采用教育学取向的综合培养。Goodwin(2001)注重师范生对学科知识的掌握,主张分科培养教师。Schon(1983)提出实践取向的教师教育,注重将教师培养成为反思性实践者。

在中国期刊全文数据库中,以"教师教育模式"为篇名的文献为 56 篇,相关研究是从 2001 年开始,2008 年之后研究呈上升趋势,可见,对于教师教育模式的研究关注程度是越来越高的。从研究主题来看,研究主题按照数量由多到少的顺序,排在前三位的依次为全科型教师教育模式、本科教师教育模式、教师教育模式分析(表4)。因此,关于教师教育模式的研究主要集中在对不同学历、不同类型教师教育模式的研究。

表4 关于教师教育模式研究的文献在研究主题的分布情况

研究主题	全科型教师	本科教师	模式分析	卓越教师	专科教师	农村教师	模式改革	国外教师	应用型教师	课程	合计
数量	12	11	11	4	4	4	4	4	1	1	56
占比/%	21.44	19.64	19.64	7.14	7.14	7.14	7.14	7.14	1.79	1.79	100

纵观现有关于教师教育模式的研究,国内外关于教师培养模式的发展研究对教师教育模式变革问题具有重要参考作用,近年来芬兰的研究取向的教师教育模式受到越来越多的关注,芬兰的基础教育因其在国际学生评估项目(programme for international student assessment,PISA)中取得优异成绩而备受世界瞩目,研究取向的教师教育模式是芬兰教育取得成功的重要原因之一(Jouni Valijarvi,2009)。研究取向的教师教育主要是演绎式,指导思想是"基于研究",让师范生掌握研究方法,具有研究积极态度,学会研究方法并撰写论文可以说是研究取向的教师教育模式成功标志的显现。教师教育目标是通过学术训练

培养教师的教学思维,注重培养师范生的研究方法与研究技能,培养方式关注理论与实践的融合。教学大纲由学科导向转变为主题导向,强调基于主题教学的学科融合。主要结构可以通过下图呈现(图4)。

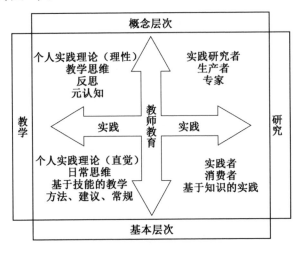

图4　研究取向的教师教育模式

在目前的办学实践中,我国关于教师培养几种模式并存,不同取向的教师培养理念产生不同的教师培养模式。顾明远曾说,很多中小学校长反映,现在专科或本科毕业的老师反而不如中师毕业生那样适应中小学教育。在这里,从教师教育模式变迁与研究现状中,也不得不思考这样一个现实问题,目前教师教育培养模式如何继承百年中师传统。实质上,采用某一种模式的学校,多以本校以往的历史发展和专业特征为基础确定教师教育专业的培养模式。

二、教师教育模式的内涵

在前文关于厘清教师教育现状调查的基础上,可以进一步探究教师教育模式的内涵。"模式"(model)一词是一个舶来品,来源于拉丁语 modulus,可以译为"模型""范例"等,一般是指被研究对象在理论上简化了的结构形式。《现代汉语词典(第7版)》把模式定义为:"某种事物的标准形式或使人可照着做的标准样式。"关于模式的研究最早见于系统论,在不同领域中,模式有不同的含义。在教育学领域中,有学者认为模式包含三种含义:其一,模式是教育在一定社会条件下所形成的具体样式;其二,模式是某种教育和教学过程的范式;其三,模式是反映教育制度、特点的模型。

教师教育模式是教师培养过程中的顶层设计,指向教师培养的实践策略,教师培养的理念、路径、方法、条件、标准等方面,具体可以理解为:"教师教育的构成要素及其相互影响和运行方式,即从事教师教育主体、受教育主体、管理主体之间为教育与培训教师而构建的教师教育理念、目标、教育中介物等之间形成的交互复杂的关系及其运行方式。"在教师教育模式中,管理主体——国家、教师教育主体——教师教育实施机构、受教育主体——受众群体与教师教育理念、目标、教育中介物共同构成了一个立体四面体,其核心要素是教师教育理念、目标、教育中介物。教师教育包括教师职前、入职、职后三阶段,本书的研究主要关注职前阶段的教师教育模式,具体是指师范大学或综合类大学教师教育者为培养准教师而建构的教师培养理念、路径、方法、条件、标准等方面,其中,理念是教师教育导向问题,路径、方法是教师教育模式的主体问题,条件、标准是教师模式的建构成果问题。

第三节　教师教育模式的理念与目标

一、教师教育模式的理念

理论与实践是一对存在争执的矛盾导向不同的教师教育理念。理论取向的教师教育注重培养教师相应的知识基础，教师知识是衡量教师专业品性的标准。比如解制主义基于制度化带来的封闭性，注重强调教师知识的获得。实践取向的教师教育注重教师技能、教师成为反思性实践者的能力培养与提升。比如师范生在教育实习过程中实习学时比例的增加是为提升其教师技能，与解制主义相对应的专业主义主张教师职前要接受严格的技能培训。在教师教育理念上又存在"师范性"与"学术性"之争这一对假问题与真实践。"师范性"导向师范取向的教师教育，体现为教育学取向的综合培养模式，"学术性"导向学科取向的教师教育，体现为分科培养、全科培养模式。可见，不论是理论取向还是实践取向、"综合"取向还是"学科"取向，教师教育模式都是立足于学科、成人的视角。

因此，理论取向或实践取向的教师培养、学科或教育学的教师培养模式都是以知识为本位的，而准教师未来从事的中小学教育是儿童教育，中小学教师是从事中小学教育的工作者，中小学教育实质是儿童教育而不是学科教学，也不是知识本位，要从教育学的视角关注中小学生的需要。中小学教育是为儿童服务的，中小学生需要什么样的教育就决定了中小学生在准教师培养模式中的位置。可以说，儿童是相对于成人而言的，儿童是有不同角色的,在家庭中是孩子,在学校中是学生。学生不是儿童的全部,无论是孩子还是学生都是儿童的一个身份,而不是全部。就像教师只是作为从事教师的人的角色,儿童有多重角色,但本质上中小学生是儿童,基于核心素养的教师教育模式变革就在于中小学生不是单纯的学习者,他们是一个整体,是儿童生命的整体存在。因此,基于儿童的特点来培育准教师是教师教育模式应有的理念导向,也是课堂教学生成的理念价值诉求。

  从本质上看,"理论"的原始本义是"观看",亚里士多德的理论智慧(sophia)可以理解为"努斯"与科学的结合。亚里士多德认为实践主要是一种人际交往的道德活动,它直接指向最高的善,这种观点其实源自于他主张的人的活动的两种不同方式。布迪厄认为实践是惯习、资本和场域相互作用的产物,在布迪厄看来,"理论的谬误在于把对实践的理论看法当作与实践的实践关系"。落实在教育领域中,理论与实践应是本然统一的,因为教育理论总是在具体的教育现场、实践中呈现。因此,依据教育实践的体验性、情境性,以教师教育者、师范生、中小学生核心素养发展为基点的教师教育取向变革,能够回应教师教育高质量发展理念的现实诉求。

  当前教师职前培养主要由高等学校本科、专科作为教师教育机构,自鼓励高水平综合大学开展教师教育以来,教师教育培养机构更加多元化,打破了师范大学或专科学校培养教师的局限。在中小学师资培养进程中,在师范大学中多由教师教育学院或教育学院承担教师教育公共课程,各相关学院负责师范生专业课程与毕业资格,或教师教育学院与各相关学院协同培养师范生,负责招生与管理,近年来也形成在协同培养中由教育学院负责招生与管理的师范类高校,这种协同培养教师教育培养机构的转型在一定程度上提升了教师选拔质量。另外,师范大学、综合大学开展"U-G-S""U-G-E""4+2"教师教育模式等,在一定程度上促进了产教融合、校企合作培养教师以及教师培养的学历层次,有助于促进教师教育和基础教育的协同合作。

二、教师教育模式的目标

教师教育模式目标是教师教育模式主体问题的基础,习近平总书记在党的二十大报告中提出"培养什么人、怎样培养人、为谁培养人是教育的根本问题"。这三项教育的基本问题落实在教师教育模式中就是教师教育培养什么教师、怎样培养教师、为谁培养教师,教师教育要为党和国家培养师德高尚、具有坚实稳固的职业道德认知和情感意志的高素质专业化教师队伍,以引导的方式唤醒与培育准教师的道德意识,促进准教师在职前课堂学习中的自我生成性,教师是落实立德树人的主要力量,教师教育模式目标要培养未来教师具有"明师德、铸师魂"的道德发展,还要培育其具有培养未来教育对象的良好品德修养、坚定理想信念、厚植爱国情怀的能力。教师教育模式目标要培养具有核心素养提升的未来中小学教师,其中,最重要的就是具有学生为本、师德为先、健康人格、师德高尚的准教师。因此,教师教育模式目标要培养师德师风高尚、全面发展并能够培养其未来教育对象品德发展,胜任教育工作的高水平、高质量教师队伍,促进教育高质量发展,实现中国式现代化。

教师教育模式的目标还在于对其学科基础的建立,而初等教育学科建设与教师教育学科建设是培养中小学教师的依据，也是教师教育模式目标的学科导向，更是准教师发展的基本前提。关于学科有两种理解，一种是作为相对独立的知识体系的学科，另一种是作为一种学术组织结构的学科。那么，从这两个角度出发所理解的教师教育学科既可以理解为教育学术组织结构中的一个分支学科或者相对独立的教师教育的知识体系，也可以理解为专门培养教师而设置的教师教育教学科目。比如小学教育专业的学科基础是初等教育学，研究对象是小学教育，初等教育学的建立是对完善教育学学科体系的一个贡献，建立初等教育学科要以教育学为基础。

初等教育学学科建设需要考虑以下几方面：其一，初等教育学学科建设要以教育学为母体，也就是说初等教育学是教育学下面的二级学科，但构建方式不能简单搬用教育学学科建设方式，突破教育学学科框架。其二，小学教育是为小学儿童服务的，初等教育学学科建设必须研究小学儿童，初等教育学学科建设必须基于儿童研究的成果，尤其是小学儿童的研究成果。顾明远认为初等教育的建立必须认清小学生的特点，必须借助儿童发展心理学等基础学科研究成果来建设初等教育学。其三，一门学科独立的标志是要有自己独特的理论体系，初等教育学科建设要以小学儿童的身心发展规律为学科基础，学科建设、专业建设以及课程建设等都应建立在此基础上。还要了解小学儿童，认识小学儿童，建立小学儿童理论，养成教育理论。这几个方面构成整个初等教育学科的支撑与核心理论。同理，培养中学教师的教师教育学科是培养中学教师的学科依据，也是教师教育模式目标的学科基础。可见,初等教育学学科与教师教育学学科建设不仅是培养中小学教师的方向,也是教师教育模式目标的学科理论基础。

从传统教师教育模式来看,教师培养侧重在学科知识,中学教师培养模式是"学科+教育"的,其实从教师教育培养的本质来看,尤其是从小学教师的培养来看,教师教育培养理念不能是以知识为本位的,应是以学生为本、以师范生或准教师"核心素养"为基点的教师教育培养模式与理念。因此,教师教育模式变革应从"知识取向""能力取向"转向"核心素养"取向,以准教师与教师教育者的核心素养提升为基点,基于核心素养的教师教育模式变革落实到教师培养中就是要以师范生、中小学生核心素养发展为中心,促进教育高质量发展与教师教育高质量发展。探究基于"核心素养"的教师教育模式变革视域下的课堂教学生成是本书的理念导向。明确课堂的内涵与构成要素、教学的内涵与本质,是探究作为教师教育模式变革的主体问题的课堂教学生成研究的前提。

第四章　教师教育模式改革主体问题的价值：课堂教学生成的意义

　　教师教育模式变革的路向要通过生成性的课堂教学来实现，基于对大学在教师教育中的作用的现实调查，明确了教师教育模式在教师培养中的重要性。在对教师教育模式理念、目标与内涵的探究中明确了教师教育模式与课堂教学生成的关系与课堂教学生成作为教师教育模式变革主体问题的必要性。核心素养的教师教育模式导向生成性的课堂教学，其意义要促进准教师及其未来教育对象核心素养的提升、契合师生双方心灵、让爱在师生自由交往与对话中显现，从而明晰课堂教学生成研究的价值，为进一步研究提供价值导向，为师生双方生命健康成长提供有效能量。

第一节　唤醒精神和心灵：师生心灵碰撞与契合

　　教育与个体生命之间关系体现为有效教学。雅斯贝尔斯认为教育要唤醒人的精神和心灵，要从人生命深处唤起他沉睡的自我意识，教育是人的心灵的教育，教育不能改变人生而具有的本质，不能强迫人成为什么样的人，只能根据人生而固有的本性和可能性来提升人的精神境界。因此，在教师教育模式变革进程中，课堂教学生成作为其主体问题与路向选择，要唤醒师范生、准教师的精神与心灵，唤起沉睡的自我意识，觉醒价值感，促进其必备品质与关键能力、价值观的提升。

教师教育者在课堂教学过程中的最佳状态是与准教师达到心灵契合与碰撞，是"灵魂触碰天花板"的具身感受。教师教育课堂教学目的在于为准教师生命健康成长提供有效能量，在于教师教育者与准教师的心灵互动。在生成性的课堂教学中，要让师生处在一个平等的课堂教学环境里。在这种情境中，准教师可以自由地表达自己的观点，与教师教育者自由对话，促进师生双方自由生成，提升自身核心素养。

一、心灵互动与碰撞：通过课堂教学探寻与准教师的契合点

生成性的课堂教学是教师教育者与准教师对话的交往过程，心灵碰撞要在民主、平等的和谐氛围中生发。当教师教育者的交往对话得到准教师的回应与流畅的来往互动，教师教育者与师范生心灵会产生互动与碰撞，这个过程为双方生命健康成长提供了有效能量。教师教育者和准教师在充分展示自己的观点与看法的过程中，能体验到彼此的信任和尊重，增强探索真知与真理的欲望，从而让教学洋溢真情和启迪智慧"心灵"。

教师教育者通过课堂教学活动探寻与准教师的契合点，这是心灵互动的达成样态。教师教育者与准教师要实现心灵互动，要通过对话、沟通、交往、合作等多种途径和方式，彼此相互尊重、相互理解和相互信任，促进教师教育者与准教师双方心扉敞开、思想共享、情感共鸣、共同成长。心灵互动与碰撞的课堂

教学是促进教师教育者与准教师情感升华、心灵间的交融与呼唤的过程。在心灵互动与碰撞的课堂教学中,实现心与心的相互契合,唤醒精神和心灵,实现双方自由的自我生成。让准教师通过生成性的课堂教学体验谈论知识的价值,唤醒其心灵,丰富学习体验,促进生命健康成长,达成自我生成与成长。

二、心灵成长与契合:通过课堂教学与准教师生命共同成长

生成性的课堂教学目的在于为准教师生命健康成长提供有效能量,促进其自我生成,在这个过程中,教师教育者也要获得自身生命成长,实现自我生成,即达到与准教师生命共同成长。雅斯贝尔斯认为师生之间的教育交往的主要形式是对话,交往中人与人之间是自由的个体和主体,作为个体的人只有在同其他个人的交往中才能体现其自由,并且只有与自由联系在一起才能实现人的真正的自由,对话真正地使教师和学生在相互作用中达到了理解,精神获得沟通,因此,教师教育者要与准教师在研讨、合作、探究中共话主体,双方用心灵感受,尊重准教师的学习体验,创设氛围,通过自由对话探究主题问题,实现教师教育者与准教师的心灵共鸣与成长。

生成性的课堂教学是教师教育者与准教师独一无二的生命体验,生成性课堂教学的方法源自于其哲学理论基础——超越。也就是说,个人要通过不断的自我超越以达到生成的目的。课堂教学生成的目的是达到个人"自我超越"的过程,"人要成为完整的人在于自身的不懈努力和对自身的不断超越",因此,教

师教育者要创设身临其境的、与准教师心灵成长相契合的体验，不能给出探究问题固定的答案，而是要通过对话、交流探索问题。教师教育者要将教学活动设计成准教师能够自我超越与生成、对话、交流与体验的教学情境，激发准教师探究问题的积极性、主动性，不断完善探究与生活实践的外在内化与内在外化的过程，在实践活动中促进师生心灵成长与契合，促进教师教育者与准教师生命共同健康成长，通过不断自我超越融入情感交流与对话，达成师生双方心灵成长与契合，实现自由生成与自我超越。

因此，通过课堂教学探寻教师教育者与准教师的契合点，通过课堂教学与准教师生命共同成长唤醒师生双方的精神和心灵。在课堂教学生成中，教师教育者与准教师还应做到"认识你自己"，要理解与把握自己。庄子强调"天人合一"，即至真至诚。帕尔默认为优秀的教学是理解自我独特性，而不是模仿他人的教学、生存模式。教师要将自己的内心体验带入自己所教的学科，然后放归至学生的心灵，实现自我认识，并唤醒学生的自我意识。生成性的课堂教学在于唤醒师生双方的精神和心灵、促进自我生成与超越。对于准教师来讲，要在与教师教育者交往、交流中获得对伟大事物的认知。教育的任务是谋求个人与社会之间的平衡，因此，师生双方应是完整的人，要正确认识自己，在生成中找到符合自己天性的教学方式与学习方式，明确"我是谁"，达到自我认同。

第二节　提升素养：在自我生成中发展必备品质与关键能力

生成性课堂教学开展的价值在于让准教师在自我超越中生

成专业知识、专业能力,提升专业理念与师德,形成必备品质与关键能力,提升核心素养发展,在课堂教学中促进师生双方生命健康成长。

一、提升素养之源:激发自由交往、对话的能量

"素养"一词并不是一个新的概念,自20世纪90年代经济合作与发展组织"素养的界定与选择"跨界项目开始,素养在教育界盛行起来。"素养"是指经常修习的涵养,"涵盖了一个人所拥有的学识、所持的态度,也包括外显的行为得体、举止有度"。欧盟研究小组认为核心素养代表了一系列知识、技能和态度的集合。基于核心素养的教师教育模式变革中的核心素养应是教师教育者与准教师的核心素养,应是其独具的必备品质与关键能力。高校教师教育者核心素养的内在要求决定了其核心素养的独特性,高校教师教育者的核心素养不同于其他高校教师以及中小学教师教育者的核心素养,应体现"独特性",且其知识、技能与态度并不是独立呈现,要实现统整性的价值诉求。相对于其他高校教师,"教师教育者的实践活动不仅关注自身的教学实践,也要关注师范生的学'教'活动"。相对于中小学教师教育者,高校教师教育者是准教师职前教育阶段培育的主力军,更应注重立足于实践取向基础上深耕教师教育理论,理解"全景式"的教师教育理论与实践,在纵向上从时间维度了解教师职业的发展脉络,在横向上研究中小学教师工作的特性,正确处理好教师职业性与大学学科专业性的关系。

准教师的核心素养构成要素与结构体系建构要基于其自身发展诉求与未来从事中小学教育教学工作本质内涵。应从理解

中小学教育、研究中小学生、发展专业自我三个维度,将跨学科素养、综合素养、生命素养、把握中小学生身心健康发展、生命需要、认知与学习、职业道德、沟通与合作、教育元认知有机耦合构成准教师核心素养结构(图5)。

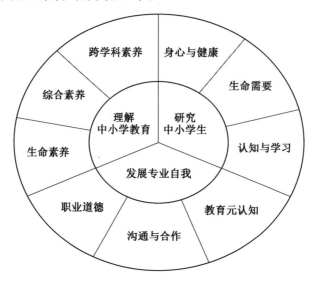

图5 准教师核心素养结构图

准教师要理解中小学教育,掌握中小学教育的目标、性质、教育对象、初等教育学学科建设、教师教育学科建设与逻辑起点,要具有跨学科素养,因为准教师面对的未来教育对象是健全的人,他们的知识是整体的,相互联系的,而不是孤立的。准教师仅掌握一门学科知识是不符合师范生未来教育对象发展规律的,因此,准教师不仅要具备所教学科知识,还要具有"两种或两种以上学科之间互动"的知识,要能够依据中小学生身心发展规律促进中小学生生命健康成长,能够与不同学科之间进行对话。同时,准教师要具有科学文化修养与促进生命健康成长的跨界性,同时,准教师还应具有综合素养与生命素养。综合素养即广博的人文知识、当代科学基本知识与艺术知识,以提高准教师科学文化、人文与艺术修养。生命素养在准教师核心素养中具有重要的地位与作用。生命素养是指准教师要具有生命教育理论知识,将生命教育理论融入教育教学,促进自身自我生成与生命健康成长,从而能够引领未来教育对象在快乐学习中拓宽生命的"长宽高",为中小学生生命健康成长提供有效能量。

顾明远曾说"教育的本质是生命教育",教育是为了生命成长提供有效能量。生命教育是每个生命个体都需要理解的内容,这一点对于准教师尤为重要,因为准教师具有学生与未来教师的双重身份,生命需要是他们未来所要从事的教师职业的需要。在中国期刊全文数据库中以"师范生生命教育"为主题检索的文献共 58 篇,其中,与主题相关的文献为 32 篇。以"师范生生命教育"为书名的相关著作有刘慧的《生命教育导论》,另外还有一本依据生命自然周期撰写的《师范生生命教育》;相关著作中有部分章节内容也对师范生生命教育进行了探究,如《大学生命教育的课程与教学——第三届海峡两岸大学生命教育高峰论坛论文集》(2015)、《民心为镜不改初心》(2018)、《大学生命教育的理论与实践》(2015)、《教师成长散论》(2016)等。

从在中国期刊全文数据库上刊发的关于"师范生生命教育"研究的文献数量可见,相关研究是从 2009 年开始至今,2014—2015 年达到研究数量最高值,表明生命教育的发展状况促进了师范生生命教育的相关研究。2010 年至今生命教育处在"发展期",在这一时期生命教育理念走进了政策文件中。2010年8月《国家中长期教育改革和发展规划纲要(2010—2020年)》在"战略主题"中指出要重视生命教育;在《小学教师专业标准(试行)》"基本理念"部分对"师德为先"理念的阐释中及"基本要求"中,生命教育内容有多处体现。2013年中国陶行知研究会成立生命教育专委会,这是师范生生命教育相关研究2014年、2015年达到研究数量峰值的主要原因。从研究主题来看,以"师范生生命教育"为主题检索的文献,其研究主题按照数量由多到少的顺序,排在前五位的依次为:师范生生命教育现状、路径,师范生生命教育意义,生命教育理念下的课程,师范生生命教育实施,生命教育课程。

  关于师范生生命教育现状、路径研究中研究者依据师范生生命教育价值与意义、师范生生命教育特性等,从有关生命常态与非常态两个方面选择与设置师范生生命教育内容,课程建设包括学科课程与活动课程。有研究者运用问卷法从"师范生接受生命意义及价值观方面的教育情况""师范生对目前中小学所开展的生命教育认知情况"以及"师范生对高校开展生命教育的想法"三方面现状进行调查。研究者对师范生生命意识、师范生对生命教育的了解与认识的调查,师范生所在高校生命教育开展的情况进行调查。有研究者从师范生对生命教育的认识,师范生对生命教育的态度、意义和价值观,学校生命教育的落实三方面进行调查,基于此提出三种路径:通过构建立体式生命教育环境、建立健全生命教育课程模式、加强教师队伍生命教育理念来推动地方高师院校的生命教育。关于师范生生命教育意义研究,有研究者提出师范生生命教育能够满足师范生自身对生命教育的需要、帮助师范生树立正确的生命教育观、为师范生毕业后开展生命教育提供帮助。关于师范生生命教育实施的研究,有研究者列举高校开展大学生生命教育的典型案例,孟宪承书院"生命影响生命"师范生生命教育计划通过"生命教育朋辈互动结构"对师范生实施生命教育,达到"以生命影响生命"的理念和生命教育的内涵。

通过中国知网(CNKI)数据库与 web of science 数据库对现有关于师范生生命教育梳理中可见,从研究时间、数量分布来看,我国从 21 世纪初对师范生生命教育进行探究,2014—2015 年达到研究数量峰值。可见,生命教育的发展状况促进了师范生生命教育的相关研究。国家政策文件的颁布、生命教育专委会的成立是相关研究形成时间、数量分布特点的主要原因。国外是从 2006 年前后开始进行探究,研究数量并不多。可见,关于师范生生命教育研究是需要进一步进行理论与实践探索的。在研究视角上相关研究更多关注从宏观视角进行探究,比如师范生生命教育现状、路径研究。然而,师范生生命教育的推进和实现离不开师范生生命之真、生命之善、生命之美的内涵探究,目前对师范生命教育本体研究,即从微观层面,比如师范生命教育观、师范生关爱生命、责任生命、尊重生命、丰富生命等研究是不足的。因此,对于准教师生命需要的研究视角应不仅从宏观视角进行探究,也应从微观视角、丰富理论研究的基础上进行探究;在研究方法上主要运用问卷、访谈等研究方法进行师范生生命教育相关研究,研究方法较单一。因此,在研究方法上需要运用多种研究方法进行探究,尤其加强质性研究方法对准教师生命需要开展相关研究。

另外,准教师还要理解未来教育对象生命需要,了解其生理与心理发展、心灵成长特点及其需要,尤其要引导师范生认识中小学生生命需要。除此之外,准教师要认识未来教育对象这四种需要,应了解其未来教育对象被关注的生命需要,通过生成性的课堂教学、获得积极关注为双方生命健康成长提供有效能量。准教师要明确"为什么教""教什么"及"怎样教"。因此,准教师还要具有自爱素养、高尚的职业道德素养、沟通与合作素养、教育元认知能力素养。在职业情感上,准教师要热爱小学教育事业。具有良好的职业道德修养、职业理想与敬业精神,遵守职业规范,是准教师自身发展的基础,也是准教师的必备品质。

同时,准教师还要具有沟通与合作能力,通过在生成性的课堂学习中与教师教育者、小组探究,提升自身沟通与合作能力,通过与教师教育者的对话激发自由交往、对话的能量,共同研究小学教育理论与实践。同时,准教师核心素养结构也要体现"学—教"的特性,要明确"为什么教""教什么"及"怎样教",因此,准教师还要具备教育元认知能力,准教师要能够对小学教育问题进行反思、评判,引导师范生思考在学习教学中运用何种方法的能力,使其具有一定的科学研究能力与理论自觉。

生成性课堂教学的价值在于提升准教师的核心素养,雅斯贝尔斯认为:"作为个体的人只有在同其他个人的交往中才能体现其自由,并且只有与自由联系在一起才能实现人的真正的自由。"准教师核心素养的提升要通过激发在课堂教学中自由交往、对话的能量来实现。兴趣与爱好是中小学生学习的内在力量,教师教育模式中的课堂教学生成要能够激发准教师探究问题的积极性,教师教育者要充分运用各种有效的教学方法、教学策略,创新教学组织形式,引导师范生积极对话与交流,使准教师在核心素养提升中促进自我生成。要使准教师在自由、交往中形成必备品质与关键能力,理解培养中小学生积极、正向的爱好的重要性,要让中小学生快乐学习。因此,准教师要通过创新有利于中小学生合作、探究学习的教学组织形式,激发中小学生对学习活动的兴趣。另外,通过整合教学资源,针对中小学生活泼、好动、好奇心强的特点,挖掘教学内容的趣味性,唤起中小学生学习兴趣,从而在学习体验中感受到对学习活动的喜爱,由趣及爱。

二、提升素养之本:唤醒自我发展意识

生成性的课堂教学在教师教育模式变革中的价值还在于理解自己和现实,唤醒自我专业发展意识,以提升自身必备品质与专业能力。雅斯贝尔斯的认识论指出要指明大全存在自身向我们显现的道路,哲学的认识论的任务也就是寻求一体真理的统一,一体真理就是真理本身,是将各种样式的真理观结合起来形成的统一体,而理性就是真理获得的途径,要达到理性就要理解自己和现实。准教师要通过生成性的课堂教学使自身具有积极、主动的自主发展意识,这意味着准教师在课堂自由对话与交往中实现核心素养发展也是一个自我建构过程,是一个积极主动自觉的长期发展探索过程。准教师发展专业自我,实现"自爱素养"、教育元认知素养,注重自身生命需求、关爱自身生命

成长的达成,需要唤醒自主发展意识,增加自主学习机会,促进自我生成与自我超越,增强反思与元认知能力。这种反思能力也包括舍恩所说的行动中反思,是在课堂交往、不断对话中生成的反思能力。

在生成性的课堂教学中,准教师要通过不断地自我生成与自我超越促进跨学科素养、综合素养、生命素养,了解中小学生发展也需要准教师不断地进行自我生成与自我发展。准教师通过生成性的课堂交往与对话,提升其核心素养发展进程,要学习中小学教育理论与实践知识、跨学科知识、关于师范生与中小学生发展的知识,还要进行不断反思与做研究。对于准教师来说,教师学习有理论性学习(概念性知识)、经验性学习(实践智慧)以及感性知识(实践智慧),通过不断反思与"自我研究帮助教师教育者成为研究者"(Jean Murray,Trevor Male,2005),形成教育元认知能力,贯通教师教育理论与实践,使师范生具有一定的理论自觉与科学研究能力。教师的理论性知识学习以及经验性学习对于教师来讲都是必不可少的,要在课堂学习中对理论性知识学习与经验性知识学习不断进行反思,唤醒自我发展意识,提升理论与实践品质,提升自身素养。

准教师自主发展意识是准教师从本体视角出发,在生成性课堂教学中发展其核心素养的关键。准教师需要在关爱自身、生命成长、热爱中小学教育事业基础上自主学习、自我研究的过程中及时关注前沿"全景式"中小学教育理论与实践、自身的教学实践与学"教"活动,发挥其进一步价值,创造自我生成的新知识(Kari Smith,2005)。同时,准教师要在生成性的课堂教学中对自身生成的专业知识与专业能力开展实践观察和理论反思，同时也要与交往、对话的学习共同体进行相互反思。准教师要理解其未来教育对象，中小学阶段是良好行为和习惯养成的关键期，中小学课堂教学也应是生成性的，生成性的课堂教学也是中小学生养成良好学习态度与习惯的主要途径。准教师要通过生成性课堂教学让中小学生获得快乐，教会中小学生学习方法，使中小学生以良好的学习态度和习惯自觉得到持续性发展。

同时，准教师要在未来的课堂教学中精心呈现生成性的教学过程，合理组织教学内容，有计划、有步骤地培养中小学生养成良好的学习习惯和积极主动的学习态度。要在引导中小学生寻找到适合自己的学习途径后，培养中小学生的自主学习能力与生成问题探究能力，引导与开发中小学生思维，激发中小学生天性与表达，创造机会让中小学生展现童趣与灵性，从而使中小学生多思考、多动手、多创造，通过平等交往、自由对话养成良好习惯与学习方法，促使中小学生良好学习态度与习惯的生成。准教师要主动思考自己的交往、对话内容及其情境并做出具身性的理性研究，因为教育生成观认为在课堂上探究的知识具有不确定性，及时反思并调整自己的探究内容，不断生成新的观点与看法，可以促进跨学科素养、教育元认知素养的形成与发展。因而，准教师需要依据中小学生自身生命需求发展专业自我、理解中小学教育需要的素养，进行积极、主动的自主发展意识、行动与自我生成。因此，准教师要通过生成性的课堂交往与对话明确"自主发展意识"，提升自身的核心素养发展，推进基于核心素养的教师教育模式变革进程。

第三节　让爱在自由交往与对话中流淌

一、爱的传递：体现对准教师及其教育对象的爱

生成性课堂教学的价值还在于在自由交往与对话中显现对准教师的爱，并在爱的传递中体现师范生作为准教师对其未来教育对象的爱，这也是准教师的必备品质和职业道德养成的关键与核心。在生成性的课堂教学中，这种爱的传递应体现"二重性"的独特性，即爱的行为的自愿性与内在性。爱的前提是马丁·布伯所提出的"我-你"平等相遇的关系，爱的实现需要教师教育者了解师范生与其未来教育对象的身心发展特点、生命需要与学习特点。黑格尔认为："人有权把他的需要作为他的目的。生活不是什么可鄙的事，除了生命以外，再也没有人们可以在其中生存的更高的精神生活了。"

在生成性的课堂教学中，教师教育者要联结作为成人的师范生与作为未成年人的中小学生世界，联结的方式就是"爱"。这种"爱"具有"二重性"的独特性，爱的对象是师范生与中小学生，且爱的行为是自愿获得快乐的行为。休谟认为人的社会动机中有一种是出自关爱他人的动机，这种爱是发自内心的。康德将爱分为病理学的爱和实践的爱，实践的爱是一种行动，是出于义务本身的善行。教师教育者对师范生与师范生未来教育对象的"爱"，对教师教育者自身来说，是康德所说的"愿意的（gern）"行为，亦是休谟所认为的"发自内心的"行为。这种爱的"独特性"是教师教育者独特性的价值诉求。

帕尔默认为"真正好的教学来自教师的自身认同与完整"，教师教育者要引导准教师在生成性的课堂教学中观照自身的内心世界，要具有自爱素养。这种自爱并不是自私，卢梭认为："只要把自爱之心扩大到爱别人，人就可以把自爱变为美德，这种美德，在任何一个人的心中都是可以找到它的根底的。"准教师对自身的爱与对中小学生的爱并不是只能择其一，弗洛姆认为"我自己必然是爱的一个对象"，"就'对象'与我们自身而言，爱在原则上是不可分割的"，"在所有具有爱他人能力的人中，我们都能发现一种爱他们自己的态度"。可见，准教师自爱是爱其未来教育对象的前提，准教师应在课堂自由交往与对话中注重自身生命需求、关爱自身生命成长，能够自我调节情绪，保持平和心态，自爱能够更好地让爱联通自我与中小学生的生命世界，从而热爱教师职业，能够培养中小学生爱的能力。

同时，这种爱的传递要体现准教师对中小学生的爱，准教师需要在生成性的课堂交往与对话中形成对未来教育对象——中小学生的爱，要尊重中小学生，不能用知识达标与否和教师权威压制中小学生的需要与表达；准教师要在今后的教育教学中跳出成人框架理解中小学生，相信中小学生是独立存在的生命个体，倾听中小学生在学习活动中的心声与需要；同时，准教师要通过生成性的课堂教学表达对中小学生的积极期望，相信中小学生有解决学习问题的能力，相信每个中小学生作为儿童有发展的潜能，信任其学习能力，给予中小学生学习的自信。另外，准教师在尊重、理解中小学生的基础上，要给予中小学生肯定、赞美、欣赏的激励，使中小学生在愉悦的学习中、爱的传递中获得生命成长。

二、爱的生长：促进准教师与中小学生形成爱的能力

在生成性的课堂教学中，准教师要通过自由交往与对话形成核心素养的核心——爱的生长，提升核心素养的发展，支撑教师教育模式变革的路向。这种爱的生长体现在准教师对自爱、中小学教育事业与中小学生"发自内心的"爱的动机与行为中。海德格尔认为爱是人存在的最根本的构成现象之一。同时，爱也要体现在准教师生命素养的实现过程中，准教师要能够促进自身以及中小学生生命健康成长。为实现这一素养的生成，准教师需要在生成性的课堂交往与自由对话中形成爱的能力，并能够在未来教育教学中培育中小学生的爱的能力。

生成性的课堂教学的价值也在于在爱的基础上建立以生命成长为出发点、落脚点的教学过程，促进准教师与中小学生形成爱的能力，能够为准教师核心素养发展营造必要而充分的环境。"有效教学的研究对象是教师的教，教师的有效教学目标指向学生发展。"教师教育者需要在生成性的课堂教学中运用跨学科知识与跨界能力、爱的能量传递与生长促进准教师形成爱的能力，促进准教师自身生命成长与中小学生生命健康成长。建构"以生命成长""爱的生长"为基点的课堂教学生成，建立以教师教育者—师范生—中小学生生命成长为核心的生成性的教学与学习模式。关注自身与师范生教学和学习体验，形成"灵魂触碰天花板"的生成性教学体验，满足师范生生命需求与学习需要，在"教"的过程中能够使师范生作为准教师根据中小学生的生命需求建构学习内容与学习方式，形成爱的能力，注重让准

教师掌握促进中小学生形成爱的能力、生命健康成长的教学设计能力和跨学科与主题式的教育教学能力。同时，要构建以爱的能力形成与生命成长为中心的生成性课堂教学体系。教师教育者要满足研究准教师与中小学生爱的能力形成与核心素养诉求，需要将对准教师的爱融入课堂教学中，开发与设置以培养准教师爱的能力形成为目的的生命教育、文艺、体育类课程体系，促进准教师自身发展，引导其在未来教育教学中为中小学生爱的能力形成与生命健康成长提供有效能量。

准教师要促进中小学生"爱的生长"，形成爱的能力，就要将职前教育阶段的生成性课堂教学的对话和交往中生成的必备品质与关键能力，运用到其今后的生成性课堂教学中，通过与未来教育对象的自由交往与对话将爱的种子播撒于中小学生生命中，并能激活、促发中小学生个体生命中爱的种子萌芽、生长。

在平等对话与自由交往的生成性课堂教学中，准教师要通过与中小学生平等交往彰显"教师之爱"，这种交往过程不仅是知识的对话，亦是中小学生形成爱的能力的过程。准教师对待中小学生的态度与方式，对中小学生的学习、交往态度有潜移默化的影响，因此，准教师在课堂教学过程中要用爱的眼光看待其教育对象，通过教学活动让中小学生体验爱的存在，学会爱生命、爱自己、爱他人。同时，爱的生长还体现在课堂教学过程中，准教师作为未来中小学教师要针对中小学生在学习中的"错误"给予爱的指导，给儿童成长留有时间，为中小学生形成爱的能力与生命健康成长提供有效能量，使中小学生获得爱的生长，形成爱的能力。

第五章　教师教育模式改革主体问题的前提：课堂、教学的内涵与本质

对课堂、教学的内涵与本质的探究是明晰课堂教学内涵与本质、课堂教学特征的基础，是进一步探究课堂教学生成的前提，也是教师教育模式改革主体问题的前提。在探究课堂、教学含义之前，需要对课堂相关概念进行阐释与探究，探究课程表、课程的含义能够从概念上厘清课堂的本源与内涵。

第一节　课堂相关概念阐释

一、探究课程表内涵：从课程表透视课程

中国古代功课表有月课表与日课表，在近代课程制度出现之前，由于不存在普遍适用性的课程制度，也就不存在如现代形态的课程表。但古代官学、私学为建立一定的教育学的秩序，做过每日功课安排或按月功课安排的尝试。近代学校刚刚兴起之时，一种经典著作的教材就相当于一门课程。随着近代班级授课制的形成，典型的"课程表"形态开始显现，课表类型分为"钟点制"与"分钟制"，"钟点制"课程表的时间与现在的一节课时间相似，六三三学制之后的课程表考虑了学生的不同接受程度而分配以不同的时间。可见，"钟点制"课程表安排整齐划一，

有明确的教与学时数的规定。新中国成立后,我国进一步确定了"钟点制"课程表的地位。到了新课程改革时期,课程表更注重学生兴趣与需要,课程结构具有整合化的特点。在这一时期,国内外课程表都呈现新的变化,出现了"弹性课程表",例如我国小学推行"长短课"及"走班制",国外的"课段式""循环式"课程表等。可见,20世纪以来国内外课程表更注重学生兴趣与需要,同时出现很多新型形态的课程表以满足学生的个性与需要。走班制课程表满足儿童的个性化需求,课段式课程表有利于课程整合、教师联系各科内容进行跨学科教学,增加了学生充分发挥潜力、启迪天性的机会,循环式课程表允许教师和学生根据自身的特点、学习风格选择学习时间,可以说,这在一定程度上转变了以往课程表时间的固定性。

  课程表有助于学生了解每天的课程安排,关于课程表的含义,夸美纽斯在《大教学论》中对课程表规划进行了论述,他认为应按照不同阶段划分班级功课,先后有序。赫尔巴特强调要依据学生需要和身心规律安排课程,认为课程表的安排要考虑学生发展特点,为使学生能具有精神焕发的状态、兴趣,时间设定不能超过学生能忍受的时间。

  顾明远认为学校课程表是学校日常教学工作和其他各项活动的指挥调度表。从教学论的视角,现代意义上的课程表有两层含义:一是学校或更高一级教育机构制定的课程或教学计划;二是周或日课表,即学校根据上级颁发的课程或教学计划而制定的各班级每学期的各科上课时间表。可见,课程表中要规定课程的种类、实施的时间,有的还要显现课程之间的差异。一般来说,课程表分为学校总体课程表和班级课程表。陈桂生认为课程表是每周教与学科目与时间编排的形式。因此,可以说,课程表是依据教学计划编排的学习活动程序表,是学生每天学习活动的依据,是提高教育教学质量的重要方式。

二、探究课程内涵:追溯课程词源、本质

在中国,课程实有"课""程"与"课程"三种词源。"课"的本义为用功以果,"程"有期限的意思。"课程"一词最早出现于唐宋期间,唐朝孔颖达作疏中所写,但这里的课程指的是江山社稷、伟大事业,与现在课程的含义并没有多大关系。下面就要提到宋代朱熹所说的课程的含义,他在《朱子全书·论学》中提到"宽着期限,紧着课程",这里"课程"指功课及其进程。英文课程一词为 curriculum,来源于拉丁语动词 currere,其名词形式意为"跑道",动词形式是指"奔跑"。由这个词源可见,站在跑道上的状态就相当于名词的课程,在于为不同学生设计不同的轨道,如果在跑道上正挥洒汗水,这时跑道是动词形式。

关于课程的本质有多种观点,可以说,有多少种关于教育的定义就有多少种关于课程的定义,因为课程本身是一个不断变化的术语,在学校教育中,教师通过与学生交往、互动而互相产生影响,这种产生影响的载体就是课程。理解课程含义可以从课程的本质来看,《简明国际教育百科全书·课程》列出课程有九种定义,可以总结为从课程属性来看,课程是学科内容或教材,是经验。从课程功能或作用来看,课程是目标或计划,是活动或进程。

因此,基于课程表发展、课程表含义探究可以看到目前课程

表显现的课程类别,从课程管理方式层面看主要有国家规定的课程、地方特色课程、校本自主开发课程。课程呈现的形态分为显性课程与隐性课程。本书认为课程表是学生学习内容的外显形式,是课程生活化的具象结构,从课程表可以探源课程结构。课程结构的设计以两个维度进行,即课程的横向结构与课程的纵向结构,课程表中所体现的是课程的横向结构。课程的横向结构是在一定的课程结构内部各门各类课程所占比例及其相互关系。课程的纵向结构是对课程要素学习先后次序的安排。从课程横向结构来看,所开设的课程大致可分为工具类、知识类、技艺类学科三种。

全国各学校班级在"开齐"工具类课程上总体符合要求,但是也存在部分学科没有开设或更改课程名称的情况。课程"开齐"状况比较好,即使是"未开齐"和课程"更名"数量最多的音乐学科也只占总量的3.97%。在课程"上足"维度,超过六成班级存在超课时情况。因此,课程机构应走向儿童真实生活,让课程结构在课程整合中优化,比如通过综合课程、综合实践活动课、跨学科课程整合课程结构,因为综合实践活动课程是从学生真实生活和发展需要出发,从生活情境中发现问题,转化为活动主题,以培养学生综合发展。

第二节 课堂的内涵与构成要素

基于对课程表、课程内涵的厘清,可以为课堂内涵探究提供更清晰的视角。在对课堂教学内涵与本质进行探究之前先要对课堂的含义与构成要素、教学的内涵与本质进行探究,从课堂含义的界定与构成要素的厘清、汉语与英语教学词源的追溯教学的内涵,通过"以教定学""以学定教""以教导学"探明教学的本质可以为探究教师教育模式改革的主体问题的生成性课堂教学内涵与特征从本源上提供支撑。

一、课堂含义的界定

《现代汉语词典(第7版)》对"课堂"的界定是:"教室在用来进行教学活动时叫课堂,泛指进行各种教学活动的场所。"可见,课堂被界定为教学场所,主要指教室,主要强调课堂的空间属性。除此之外,课堂还具有时间属性,具有时空场域性的特征,因为课堂中的教学活动是在一定的时间内进行的。有学者认为课堂的含义包括三个递进的层次:把课堂理解为教室,是指学校教学活动发生的主要场所;把课堂理解为学校的课堂教学活动;把课堂理解为课程与教学活动的综合体,是教学的现象与规律发生的主要"场域"。现代意义上的课堂接近第三种理解。课堂包括课程实施、课程资源开发、教学活动、师生关系、教学环境等多种教育要素及其相互关系。另有学者认为:"课堂除了具有表面的、直观的物理性,即作为教与学活动的时空场所以外,还具有隐蔽的、深层的社会性。课堂是一个微型社会。在这个社会中,教师、学生、环境之间不断发生作用,教师和学生在课堂上要不断交流和沟通。"

因此,本书的课堂是聚焦在教师教育培养模式审视下的,认为课堂与具体空间、时间与情境相关,它既包括教学场域、情境,也包括教师教育者与准教师一定时间内的教学活动,是由主体与其生存情境共同组成的整体,是教师教育者与准教师自由交往、平等对话的场域与场所,空间、时间、情境是课堂的主要属性和存在方式,课堂体现出显著的空间性、时间性与情境性。从教育生成观来看,课堂应是师生双方自由交往、平等对话、唤醒精神和心灵、促进其自由生成与生命健康成长的场域。

二、课堂的构成要素

课堂是主体与其生存情境共同组成的整体,这个情境包含人的因素、物质因素和精神因素,这也是课堂的构成要素,这三种因素相互依存、多元互动。人的因素是指教师、学生,在教师教育领域中指教师教育者与准教师。

(一)人的因素

1. 教师教育者

教师教育的主要师资力量是教师教育者,是课堂构成要素中的主体因素。教师教育者主要包括高校教师教育者与中小学教师教育者,本书中的课堂聚焦在教师教育培养的职前教育阶段,因此,课堂中的主体因素的教师因素主要是指高校教师教育者。高校教师教育者是培育专业化教师队伍及提高高等教育质量的决定性因素。"高校教师教育者既包括承担教育学、心理学、学科教学法等教师教育类课程的教师,也包括承担各学科专业课程的教师。"高素质专业化教师离不开高素质的教师教育者,高校教师教育者在教师培养中具有重要作用。

高校教师教育者是培养未来准教师的教师,主要承担准教师职前教育阶段的培育,为其成为卓越中小学教师提供坚实基础,是教师教育的主要师资力量。高校教师教育者具有跨界性与联结性,高校教师教育者应具有弥合教师教育"理论—实践"

鸿沟的跨界能力,是教师教育"理论研究者"与"实践指导者"的跨界工作者。另外,高校教师教育者是师范生教学知识与技能、科学文化修养与师范生生命健康成长的跨界培养者。一方面,高校教师教育者要研究师范生与中小学生,要具有关于师范生与中小学生的知识,成为"成人世界与未成年人世界"联通的联结者。另一方面是高校教师教育者要搭建不同学院、不同高校、高校与中小学之间的沟通合作平台,成为构建学院-高校-中小学学习共同体的联结工作者。

教师教育者作为课堂中的人的主体因素,作为培养未来中小学教师的中小学教师教育者,是课堂中的关键因素,也是提高中小学教师质量的核心因素,教师教育者需要引导课堂中的准教师促进自我生成与自由发展,将准教师自我成长作为人才培养的逻辑起点。生成性的课堂教学目的在于为准教师生命健康成长提供有效能量,促进其自我生成,在这个过程中,教师教育者也要获得自身生命成长,实现自我生成,即与准教师生命共同成长。世界一流师资被赋予极为关键的地位,基于"双一流"建设方案的诉求、人工智能对教师教育的挑战、师范专业认证的需要以及卓越小学教师培养的需求,教师教育者作为课堂中的主体关键因素也要满足一流教师教育需求。

其一,教师教育者作为课堂关键人的因素的探究也要契合"双一流"建设对教师教育之诉求。一流教师教育和教师队伍是"双一流"建设方案的主要内容,建设一流教师教育是在"双一流"建设大背景下适应新形势、迎接新挑战的应然样态。建设一流教师教育需要建设一流师资队伍,教师教育者在培育一流中小学师资队伍中具有重要作用。教师教育者需要依托课堂场域培育跨学科、跨领域的中小学教师。中小学教师是从事中小学教育的工作者,中小学教师实质是中小学儿童教育工作者,而儿童世界的知识不是分割的、孤立的,而是整体的、相互联系的,因此,中小学准教师要具有"联系中小学儿童整体世界"的教育教学能力。

其二,教师教育者专业发展回应人工智能对教师教育之新挑战。人工智能转变人的生存方式,同时给教育带来了变革。人工智能+教师教育已成为新时代下教师教育关注的热点,在教师教育课堂领域也是如此。为顺应教育领域大规模应用人工智能技术的趋势,教师教育者要掌握基础人工智能知识,利用人工智能技术助力教师能力发展,运用人工智能和虚拟现实构建多样化的学习空间,让准教师模拟教学实践以适应、应对真实课堂中出现的问题与教学机智。

这里需要思考人工智能下课堂中教师教育者的作用、价值,即面对现代化社会和人工智能,教师教育者将如何培养教师?在课堂中的师生关系将有何变化?其实,可以举个相类比的例子,比如在银行中由于ATM机的出现,代替了人工存、取业务,是不是意味着很多银行职员要被机器替代呢?事实并非如此,反而银行需要更多的职员来工作,ATM机承担了银行职员一部分烦琐的工作,他们只需要处理其他工作就可以了,比如理财介绍等其他业务,这就需要银行职员加深与客户的互动和亲密交往。因此,反观课堂中,现代化信息技术、人工智能的出现可能不会替代课堂中教师的作用,从发展的视角看,会增强教师与学生更亲密的交往与互动,同时要求教师加强自身的指导、引导作用,要将新技术、教育现代化作为一种提升课堂质量的手段,而不是"忧心忡忡"。人工智能的到来会激发人们无限的求知欲、好奇心及创造力,就会不断涌现出新的行业。在课堂中,尤其是对教师的培养就更需要教师教育者终身学习,将教育现代化融入日常学习与教学工作中。

作为课堂中的主要的人的因素,其在课堂中的身份认同是需要研究并关注的,教师教育者清晰的身份认同是教师教育者从事教师教育工作的逻辑前提。而教师教育者身份认同的不确定性是在课堂中开展教学活动的阻力之一。因而,教师教育者要满足多样化准教师所需要的教师能力等都对教师教育者在课堂中的角色有新的诉求。然而,教师教育者身份认同存在不恰当性。其一,教师教育者注重学科研究,忽视多重专业角色身份。由于评聘职称的需求,科研作为教师教育者发展与评价主要的尺度导向,使教师教育者在一定程度上认同自身的科研工作研究者身份,从而缺乏实践意识,忽视自身教"教学"以及示范"教学"的多重身份。其二,教师教育者囿于自身学科背景,忽视以"准教师自我生成与中小学生成长"为教师培养逻辑起点。新入职教师教育者通常对自己的能力以及专业认同处于消极自我观(Izadinia, Mahsa,2014),对于教师教育者来讲,在其入职阶段将上好课作为自己的专业发展目标,在入职后发展阶段,将自己的学科教学和科研作为自身专业发展目标,忽视应基于"中小学儿童"的"多面手"教师培养者身份,成为明确自身在课堂中的作用与角色的桎梏。

教师教育者面对的是未来从事 6～18 岁中小学生教育工作的教育者,因此,不仅要成为教师教育优秀理论研究者与实践指导者的跨界工作者,也是师范生科学文化修养的培养者的跨界培养者。马克斯·范梅南认为"教育学是迷恋他人成长的学问",因此,高校教师教育者在课堂中要联结准教师与中小学生世界,联结不同专业、不同学院、不同高校与中小学,协同培养准教师,共同研究教师教育理论与实践,促进教师教育变革。另外,教师教育者在课堂中也是一个持续的、自我发展的过程,教师教育者具有一般教育者的教学特质的同时,还具有教师教育者以准教师为课堂教学活动培养逻辑起点专业地教"学"、教"教学"的独特特质。他们既是准教师知识的传授者和能力的培养者,又是课堂的"示范者"。因此,教师教育者作为课堂中重要的构成要素,要与准教师共同交往、对话以达成双方自我生成与自我超越。

2. 准教师

教师教育中的受教育者是未来从事中小学教育教学工作的准教师,也是课堂构成要素中的另一主体因素。教师教育者要使其明确须作为中小学课堂中的"引导"者,在中小学生学习和生命成长中担负着启蒙和引导的任务。准教师作为独立的生命个体有自身的情感需求和自我发展的需要,准教师作为未来中小学课堂教学活动的引导者,要为中小学生生命健康成长提供有效能量。

准教师在课堂中要明确"为什么教",还要探索"教什么"与"怎样教",即准教师要在课堂中学会"怎样学",还要学会"如何教",其教学行为本身还具有示范"教"。作为未来中小学准教师要在课堂中打开其教育对象的好奇心,由于中小学生是一个"整体的人",教师教育者在课堂中要引导准教师整体,而不是割裂地去看待中小学生,要注重培养中小学生生动、活泼的个性。中小学教师应是一个多面手,因此,要在课堂中注重自我生成与发展,课堂中要发挥"多面手"的作用,既能教授学科知识,又能带领中小学生在课堂中开展激发好奇心、引发求知欲的活动。

教师教育者要在课堂中培养师范生高尚的师德,使其具有童心童趣,和中小学生打成一片,通过课堂场域能够培养中小学生良好的习惯和活泼开朗的性格。同时,要使师范生明确其在课堂是儿童学习促进者。中小学生获取信息通道多元化,不再局限于书本、课堂和教师,教会中小学生自主获取信息、自由探究科学及合作获得发展成为新时代赋予中小学教师的任务。因此,在课堂中要通过师生民主平等的对话、合作,实现双方共同生命健康成长,要由知识传授者转变为中小学生学习的促进者。作为中小学准教师,既要知道"教什么",又要知道"怎么教",霍姆斯小组提出胜任教学要有四种知识,即"广泛的普通教育、学科知识、教学法知识以及实践经验"。因此,准教师应关注具体的课堂情境,把教育理论应用于教学实践,成为"反思性实践者",成为中小学生学习的引路人和启蒙者,要为中小学生生命健康成长、自我生成与成长提供良好基础。

准教师作为课堂的又一关键的人的因素,不仅表现在学科专业水平的提升,更是表现在未来准教师自我生成与自我发展能力的提高,尤其是关于中小学生的知识,具有童心童趣,能够和中小学生成为一个集体，促进中小学生自我生成，促进中小学生生命健康成长，彰显教"教"的能力与建构生成性课堂的能力。因此，准教师在课堂中要成为能够提升学习能力、实践能力、创新能力的自我生成者，要将自我生成与成长、生命健康成长作为自身在课堂中角色的出发点和归宿，这就要求准教师要基于自身发展特点与发展逻辑建构课堂学习的逻辑。

人工智能对课堂变革、教师教育者角色的影响，体现了培养哲人之师的重要性。哲人之师最重要的品质是运输真理，通过运输真理的过程使每个学生具有求真意识，这只有真正的教师教育培养才能够实现，意味着在人工智能时代哲人之师不可替代。人工智能改变了人的存在方式，人的存在空间由二元变为三元，人工智能将与人类智能混合发展。因此，人才培养需要注重培养具有批判性思维、沟通能力、合作意识、创意的人。哲人之师是指基于理论、接受系统的哲学教育学的学习，具有自己的教育信念，在思考与创造中获得成长的人。即使是在未来社会中，哲人之师也是不可替代的，需要立足"未来"，为未来社会培养未来的人。因此，准教师在课堂中要成为能读懂未来教育对象的引路人，关注自身"具有成为哲学家的可能性"，具有反思与体验的哲学本质。人工智能时代的到来为课堂中另一主体——准教师带来了挑战，同时也带来了机遇。人工智能时代的到来可能会为"哲人之师"提供滋养的环境。

因此，在课堂中准教师要促进生命健康成长，运用人工智能对自身发展产生积极作用，更重要的是准教师要能够为其未来教育对象生命健康成长提供有效能量，因此，作为成人的师范生要在未来教育教学活动的主阵地——课堂中进入中小学生的未成年人世界,联结准教师与准教师教育对象的"成人与未成年人"世界,满足"愿意的(gern)"与"发自内心的"爱的动机与行为。兰德曼认为"人在天性上是未完成的、不完善的和未确定的",准教师与准教师未来教育对象都具有未完成性与非特定化的特点,准教师教育对象更具有可塑性与符合自身年龄阶段的身心发展特点。在课堂中,准教师要以成为卓越准教师与为未来教育对象生命健康成长提供有效能量为基准。

(二)物质因素

勒温提出的行为公式表征了环境对个人的影响,个人与其环境的交互关系可以用此公式来表示:$B=f(P,E)$,即"行为是随着人与环境这两个因素的变化而变化的,不同的人对同一个环境条件会产生不同的行为,同一个人对不同的环境条件会产生不同的行为,如果情景条件发生了改变,对同一个环境也会产生不同的行为"。这表明环境对个人影响的重要性。在课堂中,物质因素是课堂的构成要素之一,也是课堂环境的重要组成部分。

课堂物质因素主要包括自然因素与教室内的多媒体、教学设备、桌椅、讲桌、黑板、图书资料等设施因素。自然因素包括空气、温度、湿度、光线、气味、声音、通风条件等,自然因素通过作用于人的因素的外在感受产生影响,对课堂中的教育教学活动的影响具有间接性,但却影响深刻。比如教室内如果空气不流通,就会影响学生的生理状况,影响学习效果。教室内的光线作为一种重要的课堂自然因素,是保持学生注意力、调整学习心态、提高学生学习效率、保护学生视力的重要因素。声音包括教师课堂语言与其他声音,教师的教学语言要清晰、声音洪亮,最好是教室各位置的学生都能够清楚地听到,且精神饱满、发音清楚,在音量、语速、声调等方面要符合课堂环境与学生身心发展特点。

(三)精神因素

课堂的构成要素之精神因素由组织要素、信息要素、文化要素、情感要素、人际要素和舆论要素组成。组织要素是指课堂是以一定的组织形式进行的,课堂组织的多样性要依据学生个体生命的不同进行设计,要考虑学生与教师的交流、互动,课堂组织要素的优势可以营造生动活泼的课堂氛围,使学生产生学习兴趣,为生成性的课堂教学夯实基础,促进师生双方自由对话、自我生成。信息要素是指课堂是师生互相交流与交往的过程,在这个过程中生成信息与知识,信息传递方式比如风格、渠道等会影响信息的可接受度。文化要素是指课堂自身具有文化底蕴,课堂是交流知识的场域,学生的自我生成与发展是课堂文化要素共同作用的结果,课堂文化的整体功能是由各要素的组合作用所决定的,教师文化、学生文化、性别文化、制度文化、课程文化等共同促进学生发展。情感要素是课堂构成要素中精神因素的重要组成,朱小蔓认为"教师需要情感来作为内部支撑,情感可以在技术和艺术层面上保障教师的教育教学效力",她探索"情感-交往"型课堂,"这种课堂不侧重教学技巧的掌握或知识传授的高效性,而是一种融合情感教育、课程育人、情感德育和教师情感素质提升为一体的课堂,课堂充满生命、生活气息,师生进行着富有活力的互动,教学过程不以过度的负性情绪为代价去满足短暂的认知结果、分数和升学成就,而是注重知识掌握与生命成长的共进"。因此,在这种课堂中,教师与学生之间的交流与互动不仅有认知,更重要的是情感的交流,课堂中的师生互动应具有情感性,积极的情感交流能够促进学生积极思考,形成民主、和谐的课堂氛围,给予学生更多的表达机会,促进学生积极自我生成与发展。

人际要素是课堂重要的精神要素之一,课堂是教师与学生自由对话、平等交往的过程,在交往中形成的人际关系影响课堂氛围、学习方式与学习积极性。舆论要素在课堂交往中因课堂教学问题或者矛盾而产生,是影响课堂氛围的主要因素,教师与学生的课堂交往与对话直接影响学生学习方式、效率与课堂活动方式。

第三节 教学的含义、本质与构成要素

一、追溯"教学"词源

在我国,早在殷商时期的甲骨文中就已经出现了"教"与"学"二字。从甲骨文的源流看,"教"与"学"二字同源,二字都不离爻。可以说,成为"教学"二字最早出现于《书·说命下》:"惟敩学半。"宋代蔡沈将"敩学半"注释为:"敩,教也……始之自学,学也;终之教人,亦学也。"其意为"教学"是一种教者先教后学、教中有学的单向活动。《学记》中说:"学然后知不足,教然后知困。知不足,然后能自反也;知困,然后能自强也。故曰:

教学相长也。"可见,这里的"教学相长"实际上是"教学半"的引申。《学记》引用它作为"教学相长"思想的经典依据。"建国君民,教学为先",这里的"教学"可以看作"教育"的同义词。把"教学"看作教师的"教"和学生的"学"可以追溯到欧阳修所写:"先生之徒最盛,其在湖州学,弟子来去常数百人,各以其经传相传授,其教学之法最备,行之数年,东南之士,莫不以仁义礼乐为学。"

"教学"一词在英文中有很多表达,与"教学"相对应的词有"teach, learn, instruct"等。teach 一词来源于古英语中 taecan 一词,词根的含义是拿给别人看,与 teach 一词有关系的还有 token(符号或象征),token 与 teach 从词源上追溯是相互联系的。根据这一派生现象,教学就是通过某些符号或象征向某人展示某物,利用符号或象征唤起某人对事件、人物、观察、发现等等的反应。learn 来自中世纪英语 lernen 一词,意思是学习或教导。lernen 来源于 lernian 一词,其词干是 lar,lar 是 lore 一词的词根,lore 原本的意思是学习或教导,但现在被用来指所教的内容。因此,可以说 learn 和 teach 是由同一词派生出来的。teach 和 instruct 二词也有区别,teach 常与教师的行为有联系,作为一种活动;而 instruct 常常与教学情境有关系,强调教学过程。在英语中,也用 teach and learn 来强调教师的教和学生的学。

二、探明教学本质:是"教"还是"学"

教学过程在本质上是一种认识过程,这种认识过程有它的特殊性,这种特殊性就在于认识的内容具有间接性、引导性、简约性及个体性,其中特殊性最重要的体现是学生个体的认识。学生个体认识,不仅不同于人类历史认识,而且也不同于其他个体认识。在教师教育中,未来准教师面对的教学对象是有其独特性的生命个体,比如小学生具有其他阶段儿童不同的特点,小学生活泼好动、好奇心强,小学阶段是小学生行为习惯养成的关键期;对于中学生来讲,依据埃里克森的人格发展理论,要培养中学生具有自我同一性。无论何阶段的学生,都要打开他们的好奇心,唤醒潜在的能力,促进其自我生成与生命成长。因此,教学的本质是直接影响教学过程的基本要素之间的关系,影响着学生健康成长与发展。

(一)以教定学:因为教所以学

"以教定学"是指侧重于从"如何教"的视角来设计教学,教师"教"的过程决定了学生"学"的方式和过程,认为教学的本质是教而不是学,学生的学是依据教师的教,教学相当于讲授,教师讲授的内容就是学生记住的内容。最显著的案例就是在教学中,教师不停地输出,学生不停地记录,教师讲授的内容学生要完全记录在头脑中,教师的课件已行至下一内容,学生还在为未记录完整而沉浸在懊悔当中。在这里,教与学的关系是因果关系,学生学习的效果与教师的讲授内容是一致的,仿佛如果将教师讲授的内容完全印刻,就会在成绩考核时取得自己满意的分数。在这种教学本质观点中,教师与学生的关系是传递-接受式,师生关系中教师是权威的,学生听从教师的指挥与安排。

传统教学观中往往秉持这一观点,从教学过程本质观来看,教学过程之"传递说""教师实践说"等主要是从这一角度来研究教学过程本质的。按照这一观点,在教学过程中,教师的教学方法、教学手段等是规约学生学习内容与学习方式的前提条件,因为教学过程中的"教"才会生发出学生的"学",教师在这个过程中起着决定性的作用。同时,"以教定学"从学生培养角度来看,也是"知识取向"和"学科取向"的,在应试教育背景下,教师将会依据考试内容与考试大纲要求规约学习内容。

(二)以学定教:教是为了学

以学定教就是依据学情确定教学的起点、方法和策略。这里的学情包括学生的知识、能力基础,学生的年龄段认知水准,学生课前的预习程度,学生对新知的情绪状态等学习主体的基本情况。而"定教",就是确定教学的起点不过低或过高,在恰当的起点上选择最优的教学方法,运用教学艺术,让每一位学生达到最优化的发展。教学活动的主体是学生,没有学生的学习活动就没有现代意义的教学。只有在教师引导下学生实现了有效学习才是教学。

以学定教相关理念包括学习中心课堂,具体表现为从"关系"维度和"是"与"不是"维度对教师角色进行重构。"在以学定教的教学中,教师的教是条件,这些手段和条件都是为了实现学生的学这一本体和目的。"在"以学定教"理念与教学中,教师角色、作用与以往是不同的,"教师作用不仅仅是传授,而且还在于帮助、促进、指导"。在教学过程本质观中,"学习说""发展说"等主要是从学生的视角来研究教学过程本质的,认为教学是一种学习活动,教学本质是学而不是教。依据这一观点,在教学过程中,"以学定教"侧重于教师要围绕学生"如何学"来设计

"如何教",是以学习为中心的教学过程。教师在教学中要根据学生的学习兴趣、心理特点、已有知识基础来选择有效的教学方法对学生进行教学。这样学生才能够高效地进行学习、达成学习目标、获得自身成长。

（三）以教导学

以教导学是在教学中,教师起主导作用,这是具有客观必然性和必要性的,教学的方向、内容、方法、进程、结果和质量等主要由教师承担,教师主导和学生主体是辩证统一的,学生的学是在教师之教下进行的,学生作为学习的主体是依据教师主导的教,教师的教是对学生的学的主导。可以说,以教导学并不是把教师主导地位与学生主体地位对立起来,教是为学而存在,是为学服务的,学生是主体。教不能简单地决定学,教师的教学意图要变成学生自己的意图,使学生自己行动起来。因此,教学过程要注重教师主导作用与学生主体作用相统一的规律。发挥教师的主导作用是引导学生学习知识、发展身心的必要条件;充分注重学生的地位,调动学生的积极性和主动性是使教学得以顺利进行的另一个必要条件;教师的主导作用和学生学习的能动性是辩证统一的。

教学过程是一种特殊的认识过程,其任务、内容是认识世界或对世界的反映,特点就在于是学生个体的认识,主要是间接性的,有领导的,有教育性的。在教学过程本质中,"传递说""教师实践说"等主要是从教师角度来研究教学过程本质的;"发展说"等是从学生角度来研究教学过程本质的;"交往说""多本质说"等由于其涉及教与学的两个方面,具有教师与学生的共同属性,是从师生双方的角度来论证教学过程本质的。

可见,教学基本要素不同的关系会产生不同的教学活动,从而生发出不同的教学效果。中小学学习阶段是儿童整个人生中重要的生命经历,不仅影响当前生命成长,而且也对以后发展与成长起关键作用,教学过程对于教师和学生来说具有重要的个体生命价值。"以学定教"和"以教导学"是辩证统一、不可分割的共同体。未来教学应"回归课堂的设计与反思",应让中小学生学会如何学习,应从"计划式学习到设计式学习"。

教学过程对于教师和学生来说具有重要的个体生命价值。依据教育生成观,在教学过程中不是教师"教"决定学生"学"的方式和过程,亦不能让"教"围着"学"转,学生想学什么就教什么。教学应是同一个过程的两个方面,彼此不可分割地联系着。在教学过程中,教师不仅要把学生看作"对象""主体",还要看作是教学"资源"的重要构成和生成者。师生在教学过程中要真正建立起特殊的"人"-"人"关系,要把师生的教学活动当作有机整体,而不是将"教"与"学"各当作一方来处理,要把教学过程看作是师生为实现教学任务和目的,围绕教学内容共同参与,通过对话、沟通和合作活动,产生交互影响,以动态生成的方式推进教学活动的过程。

三、教学的构成要素

课堂的构成要素是基于课堂的内涵构建的,是从课堂的教学活动的场域视角来精心阐述的。教学的构成要素也是基于教学的内涵、本质来进行探究,这部分内容从宏观教学视角阐述教学包括的内容、结构。

（一）教师

依据教学本质观点，教学过程中要关注教师"以教导学"的关键作用，教师在教学中提供讨论主题、方向，是教学过程中重要的生成者与促进者。转变以往教师是教授者和讲授者的身份，教学不是传统意义的讲堂，而是在场域视角下的互动与交往的过程，在这个过程中，教师起着关键作用。

教育高质量发展要求教师教育高质量发展，高素养的教师队伍是新时代赋予教师的必然诉求。《中小学教师专业标准》（以下简称《标准》）为合格教师专业知识与专业能力指明了清晰、明确的方向。在《标准》的引领下，教师应具有积极正向的情感素养、终身学习的知识素养、实践创新的能力素养。情感素养包括坚定的理想信念、五爱品质、高尚的道德情操。教师坚定的理想信念包括坚持中国特色社会主义道路，将习近平新时代中国特色社会主义思想融入教师自身师德形塑中，始终把"立德树人"作为小学教师恒久的追求，贯彻党和国家教育方针政策，担负中华民族伟大复兴的历史使命，遵守教育法律法规，树立育人为本、德育为先的理念。

这个时代是一个幸运的时代，也是一个充满挑战的时代，面对着多元文化以及新媒体的冲击，我们每天都处在信息变革的时刻，但无论新鲜事物多么迅速地出现，唯一不变的就是作为教师要言传身教、立德树人。教师应针对每个小学生的"不同"，从生命之美的角度出发给予学生爱的教育，这种教育不是传统的道德说教，而是要将"立德树人"作为根本出发点，与学生成为学习共同体。教师情感素养的核心是"爱"，具体是"五爱品质"，包括爱生命、爱自己、爱教育、爱儿童、爱角色。其中，爱生命包括对自己的爱以及对他人的爱，对自己的爱包括对职业角色的爱、对学生的爱，这"五爱"中最重要的就是爱生命，因为它将爱学生、爱角色、爱教育融为一体，"五爱"的最终的目的是要培育小学教师成为"懂得爱的教育者"，使其自身以及小学生具备"美好的人性"。同时，教师要具有高尚的道德情操，做道德的楷模，因此，教师在教学中也要体现高尚的师德、高尚的道德情操，遵守教师职业道德规范，使教师身体力行不断践行社会主义核心价值观，从教育者转变至指导者和引导者，从而促进学生积极健康成长。

教师终身学习的知识素养包括具有学生发展知识、学科知识与教育教学知识。教学的基本首先是了解、研究教学对象，掌握关于学生发展的知识能够使教师的教学更具有针对性，提升教学效果。研究、理解学生，包括学生的学习、兴趣、性格、行为习惯等的了解与研究。教师的学科知识是扎实学识的基础，只有具备了学科专业理论与实践知识，才能在教学中、与学生的交往中引导学生讨论、交流。学科知识不仅指教师应具备所教学科的专业知识，还应具备综合性的知识、跨学科知识，要了解多学科的知识体系，掌握所教学科与其他学科、其他知识的关联程度，所教学科与学生活动之间的关联。在教学中，如何将这些学科知识有效地通过交流、对话展现给学生，这就需要教师具备教育教学知识素养，教育教学知识也是最能体现教师专业品性的一个方面。除此之外，教师也要具有实践性知识，注重缄默知识对自身知识素养的提升的重要性。教师要学习理论性知识、经验性知识,要进行不断反思与研究,实践性知识的获得在教师专业成长中具有重要作用。在教学构成要素中,教师要通过教学将"个人内在理论"、联结教育教学理论与实践,使缄默知识与经验性学习成为"反思性经验学习"。

另外,教师实践创新的能力素养包括反思实践能力、创新素养与沟通合作能力。提升教师"育人反思实践"能力是教师能力素养的基础,因为教师需要在教学中不断反思、实践。教师要成为反思性实践者,这就意味着教师要针对不同的教学情境开展有针对性、有效的教学活动,包括教学设计、教学组织与实施、激励与评价的实践能力的反思。同时,教师在教学中也要具备创新素养,这里的创新素养包括课程设计与创生意识。教师在教学中要学会设计开放式的主题、交流与讨论的专题,启发和引导学生思维的发展。沟通合作能力指涉教学是在实践中进行,是在反思中进行,而不是在"象牙塔"中进行。因此,教师要能够选择恰当的概念解释方法,把抽象的知识点变得清晰化,有效地展现给学生,能够倾听学生的建议与观点,了解学生在教学中的回应,生成有效教学。

(二)学生

教学构成要素中的主体部分、教师在教学中的教学对象、课堂教学交往中的对话者是学生。中小学学习阶段是儿童生命成长中重要的生命经历,其心智成长处于关键时期,在一生的发展中是最重要的奠基阶段。从进入中小学后,教学中的学习成为他们的主要活动任务和形式,也是获得生命健康成长的重要通道。尤其是对于小学生来说,在刚进入小学生活时对于"什么是学习""为什么学习""如何学习"的问题还处于懵懂状态,因此,教师要通过教学帮助学生养成良好的学习习惯、保持学习兴趣、掌握学习技能。在中学阶段,尤其是初中阶段的学生,身体发育、知识经验等方面还保留着小学生的特点,在这一阶段,通过教学要让学生养成良好的学习习惯和正确的学习态度、学习方法、思维习惯,同时,在教学中要让学生重视对基本概念的理解。进入高中时期,随着身体发育、自我意识的增强,在行为上会显现出更多的自主性,会因为学业压力而焦虑。

在整个中小学学习活动中,小学生最初对学习过程、对学习的外部活动更感兴趣,以后逐渐对学习内容、对需要独立思考的学习作业更感兴。小学生在学习中对有关具体事实和经验的知识较有兴趣,对有关抽象因果关系知识的兴趣在初步发展着。比如在语文学习中,小学生随着年级的升高,语文学习观越来越明确,越来越具有建构性、探索性。小学低年级学生是为了学习语文而学习语言文字,主要应会写生词、理解字词的含义。到了高年级,语文学习兴趣发生了转变。在小学教学中,低年级学生对教师怀有特殊的尊敬和依恋之情。一年级学生对小学教师和学校的态度与其学业技能有高相关,中年级学生逐渐对"教学好"的教师产生信赖感。初中起始阶段要关注学生对教学方法、学校生活节奏的适应性。整个初中阶段学习内容会较小学多,要更注重预习、迎接挑战。高中起始阶段在学习上要打好基础,加强知识之间的内在联系,整个高中阶段要意识到成绩波动是正常现象,尤其在高中毕业阶段,更重要的是在学习中树立自信心,教师在教学中要给予学生完全的帮助,要更重视学生的身心健康,缓解压力。因此,在教学中,教师要依据学生特点、生命特性开展教学活动,促进学生生命健康成长,为生命健康成长提供有效能量。

(三)教学内容

教学内容是教师和学生所指向的教学客体,教学作为有计划、有组织的活动要有一定的教学内容作为依托,教学内容应是能够促进学生生命健康成长的载体,应是人类文化的精华。教学内容除了表现为教材、教学参考书等有形的实体外,还应包括教师与学生在教学中通过平等、对话生成的隐性的、缄默的内容。因此,教学内容的安排应符合师生双方生命成长规律,教师在展开教学内容时,要考虑学生需要、兴趣、个性等。

教学内容的选择要考虑多方面因素,最重要的就是要基于学生需要、兴趣。因此,在选择教学内容时,其一,要依据学生的特性、发展特点与成长规律,应关注有关学生的各种理论与实践研究,尤其是有关学生的需要、兴趣、身心发展特点等方面的研究,并以此为依据,建构教学内容。其二,要依据教学目标进行选择,教学目标对教学内容的选择起着导向与指导作用,内容选择要在基于学生需要、兴趣的基础上符合教学目标的要求。其三,选择教学内容时,要考虑现实社会与未来社会的需求,教学内容要使学生能够适应社会,并在社会学习生活中有所作为。其四,教学内容的选择要考虑教学内容本身的性质,包括内容的重要性、实用性、正确性等,即教学内容的选择与设置应是正确的,不能是错误的或主观的内容。另外,教学内容的选择应是能够促进师生之间对话、自由交往的内容。雅斯贝尔斯认为师生之间的教育交往的主要形式是对话,交往中人与人之间是自由的个体和主体,作为个体的人只有在同其他个人的交往中才能体现其自由,并且只有与自由联系在一起才能实现人的真正的自由,对话真正地使教师和学生在相互作用中达到了理解,精神获得沟通。因此,教学内容的选择应是能实现教师与学生的心灵共鸣与成长的内容。同时,还要注意教学内容的选择对学生来讲应是重要的、具有实用性的内容。

(四)教学手段

教学手段是教师与学生在教学过程中相互传递信息、平等交往的工具或设备,它是保证教学活动顺利进行的各种物质条件,也是推动教学改革的主要因素之一。教师在教学过程中要理解各种教学手段,能恰当地运用相应的教学手段开展教学活动,提高教学质量。教师在教学过程中要重视学生兴趣的培养,随着教学内容的不断变化与更新,教学手段与方法也要随之创新。在教学过程中,教师应根据教学任务、教学重点和难点选择不同的教学手段与方法。

教学手段的选择与运用要遵循学生主体性原则、教育性原则、发展性原则、最优化原则、灵活性原则。也就是说,从教学手段的设计到选择与运用,都需要基于学生的需要,充分调动学生参与的主动性与积极性,培养其创造性。在教学手段的应用过程中,教师要设计出多方面、多层次、多形式的目标选择,让学生都能够合作——探究学习,教师在教学过程中通过适当的问题情境的设置,营造平等、对话的愉悦氛围,让学生通过教师多样化的教学手段产生学习兴趣,获得良好的学习习惯。

教学还包括教学目标、教学方法、教学原则等。在教学过程中,教学这几方面不是孤立存在的,而是与教学过程的方方面面发生联系,同时教学要素之间还互相影响。

第六章 教师教育模式改革主体问题的基础：课堂教学生成的内涵与特征

教师教育模式改革主体问题——课堂教学生成的进一步探究，需要在厘清其基础与核心问题——课堂教学生成的内涵与特征基础上进行研究。在前文厘清课堂、课堂的构成要素、教学的词源、教学的本质等问题的基础上从概念上进行重构，从特征上进行梳理，以明确教师教育模式改革主体问题的基础。

第一节 课堂教学与生成的内涵

一、课堂教学的内涵

课堂教学是社会历史发展到一定阶段的产物，在古代，各国教学普遍采用的组织形式都是个别教学。我国封建社会就是这样，当时的私塾虽然也把许多学生集于一堂，但却是先生个别进行传授。随着资本主义工商业的发展和科学技术的进步，教育范围扩大，学生人数增多，教学内容变得复杂，以前学校采用的个别教学形式已不能满足新的要求，因此于16世纪产生课堂教学形式。17世纪捷克教育家夸美纽斯是最早论证班级授课制的代表人物之一，他总结前人经验，在所著的《大教学论》中加以论证，为班级教学奠定了理论基础。我国课堂教学制度是从

1862年清政府在北京开办京师同文馆开始的,到废科举、兴学校后,学校制度才逐渐推广。

对"课堂教学"的理解可以概括为两种观点:①将课堂教学理解为班级授课,《简明教育辞典》将"课堂教学"解释为与个别教学相对,是把学生按年龄和知识程度相同或相近的编为固定人数的班级,教师根据固定的时间表,按照各门学科教学大纲规定的内容,在课堂上用连续上课的方式进行教学的一种教学组织形式。王鉴在《课堂研究概论》中把课堂等同于教学,统称为课堂教学论,认为课堂研究以教学实践活动为研究对象,课堂教学的理论来源于教学实践生活,课堂教学论的实践性就是强调教学论的研究对象,认为课堂教学是一种开放的学科建设体系,课堂教学的研究方法主要包括基于聚焦课堂的行动研究,基于观察、解释的课堂志,基于叙事的教学案例研究等。课堂教学的发展要追寻现代教育教学改革的足迹,把握鲜活的教育教学主题,构建现代的理论与方法体系。课堂教学的发展既要注重学科发展的归纳体系,又要形成学科发展的演绎体系。②刘志军在《课堂评价论》中将课堂教学分为三方面来看:从广义上来看,进行教学的场所可以在课堂之中,也可以在课堂之外;从狭义来看,是无生命无意义的物理形式;从居于广义与狭义中间的方面来看,课堂教学是教师和学生的共同体。

在本书中课堂教学是指以班级授课来展开,教师同时面向全班学生进行同一内容的教学,在较短时间内培养较多人才,这种课堂教学与传统课堂教学相对,教学内容不是预先设定好的,课堂教学不再是程序化的课堂,也不再是教师单向地向学生传递知识的线性教学,而是师生共同参与的开放的对话交流、知识创生的过程,强调课堂教学的动态性和生成性。

二、生成的含义

"生成"在《现代汉语词典(第7版)》中解释为:"(自然现象)形成;经过化学反应而形成;产生。""生成"这一概念最早出现在数学中,后由数学引入语言学。"在传统语法中,指用一系列语法规则说明、描写语言中数量无限的句子结构,突出语言的创造性。"《哲学大词典》认为"生成"有从无到有的意蕴。《辞海》对生成的解释是,反映事物发生、变化与消灭的哲学范畴,是在逻辑发展过程中第一次出现的,把矛盾的双方统一起来的具体概念,即对"无"的否定或对"有"的否定之否定。"生成"主要是相对于"预成"而言的,其意思是"变成某物",它强调的是事物发展变化过程本身。总之,不同学者对"生成"的理解各不相同,概括起来,主要有以下几种观点。

(一)生成是一个过程

《教育大辞典》中对生成的释义是强调学习过程是学习者原有认知结构与从环境中接受的感觉信息相互作用、主动建构信息意义的生成过程。雅斯贝尔斯认为生成来源于历史的积聚和自身不断重复努力,生成就是习惯的不断形成与不断更新,这是一个人秉承自持的重要过程。可见,雅斯贝尔斯也把生成看作是一种过程。另有学者指出:"事物的质不是先定的,不是预成的,不是固定的,不是已经成型的,而是向未来开放的,是不断生成的,任一时期、任一阶段的存在状态,都不是或不代表其全部'本质',而只有其动态的、不断成长着的全部历史过程,才真正充分地体现了其本质。"李祎认为"生成"是生成论的一个最基本的概念,从其他的过程来说,"生成"包含"生"和"成"两个方面:"生",即事物从无到有的变化过程,意为出生、产生等创造之意;"成",强调的是事物变化的结果,意为形成、成果。

以上这类观点认为,生成是一个过程,人的生成是于不知不觉的无意识之中达到的,是一个人秉承自持的重要过程。认识到事物是一个过程性的存在,才能在事物自身的普遍联系、动态发展中思考问题,在人与世界、主体与客体的全面关系及其相互作用的矛盾中思考问题。可见,这个生成具有过程性、开放性和发展性的意义。

(二) 生成是一种教学方式

王尚文在《"生成"与"入侵"》一文中提出,生成是一种教学方式,是教师、学生、文本三者之间的互动,即学生在原认知的基础上,通过与教师、文本的对话交往,实现意义的获得及自我主体的建构。生成者,当然首先是学生,同时也是教师与文本,三者通过对话共同进入一个新境界。维特罗克在其提出的生成学习模型中认为生成是指形成新知识的内在联系和新知识与已有经验之间的联系,即学生设置新模式和解释,或者使用、修改旧模式和解释,把新信息组织进一个牢固的整体,这个整体会弄清楚新信息并使之与他们的经验和知识相一致。张大均在《教育心理学》中提到,生成性是有效使用学习策略最重要的原则之一,是指在学习过程中要利用学习策略对学习的材料进行重新加工,产生某种新的东西。布卢姆认为:人们无法预料到教学所产生的成果的全部范围,如今的课堂正显现出刚性向弹性转变的趋势,更关注过程和体验,关注过程和体验中即时生成的东西。在动态的生成的过程中出新思想、新创意。

这类观点认为,生成是一种教学方式,对学生而言是相对于"接受"的学习策略,将新知识的内在联系和新知识与已有经验之间形成联系,形成新的东西、新的观点。对教学过程来说,是产生即时生成的过程。

在本书中生成是一种教育观,因为雅斯贝尔斯认为,生成不但是过程,生成还是"习惯的不断形成与不断更新",教育、儿童游戏室和职业习惯使人类社会成为可能,缺少它们,人类社会将萎缩到永远无所依持的境地,所谓生成就是习惯的不断形成与不断更新,就是使每个受教育者都能够主动地、最大限度地发展自己天赋的潜力,雅斯贝尔斯认为生成来源于历史的积聚和自身不断重复努力,人的生成是于不知不觉的无意识之中达到的,但这无意识是在困境中以清醒意识从事某事的结果。同时他指出,生成有两种形式:静态,表现为习惯,它为生成提供前提,雅斯贝尔斯认为,我们生活在形成习惯的过去之中,不断形成和打破习惯是我们生成的坚实基础。动态,表现为超越,是生成的途径及要达到的结果。"教育即生成",即教育要帮助人自我创造与自我生成,教育是一种心灵的交流、人格的感染,教育是唤醒精神和心灵的教育。其旨在通过教育的生成实现人的生成,这种追求并不在于为人生确立一个具体目标并教导人们为这个目标不断努力,而在于为人生建立一种信仰,即生命的体验是人的自我生成的过程。生成是一种教育观即教育并非简单的文化传递方式或一种授受活动,而是人与人精神相契合、文化得以传递的活动,是使受教育者"顿悟的艺术",是促进受教育者自觉"生成"的一种方式。在本书的研究中,生成即是一种教育观,是与雅斯贝尔斯哲学观相呼应的,也是本书研究课堂教学生成的理论基础。可见,生成教育理念对教育目标、教育内容、教学过程以及教学方法等进行全新释义,在于促进人的自我选择和自我超越。

第二节 课堂教学生成的含义

雅斯贝尔斯的"生成"与"课堂教学"相连,构成一种新形式的课堂教学,即指课堂教学中的"生成"。"生成就是习惯的不断形成与不断更新",人的生成是于不知不觉的无意识之中达到的,但这无意识是在困境中以清醒意识从事某事的结果,因此,可以从以下几个方面来建构课堂教学生成的内涵。

一、在教学观上

雅斯贝尔斯强调的课堂教学上的生成和传统意义上的课堂教学生成有所不同,传统意义上的课堂教学生成是指教师不能机械地按原教学计划进行教学,要根据课堂教学情况随时做出调整,这也是后现代主义所倡导的教学观。雅斯贝尔斯所强调的是每个受教育者都能够主动地、最大限度地发掘自己天赋的潜力,使其"内部灵性与可能性"得到充分发展,并且人要由实存、一般意识、精神的自我向可能的、大全的自我飞跃。教学过程是一个精神成长的过程,促进人的整体精神的成长。因此,在课堂教学中,首先要对学生实施全面、自由的教学,反对固定的计划、训练和权威的控制,要导向教育的自我强迫,教师应在适当的时候对教学计划做出调整与修改。可见,课堂教学上的生成既不是预设的对立,也不是预设的补充,而应是二者并存的关系。其次,要使教学进入一种对话的境界,使教学成为动态的存在。

雅斯贝尔斯存在主义哲学的认识论认为真理是相对的,可以说真理对某个人而言是真知灼见,对他人就可能表现为错误,因此,在生成性的课堂教学中探讨的一切知识也应是"相对的"。哲学的方法是超越,落实在教育中强调回归教育本质,教育是个体自我教育、成为真正的存在和自我实现的过程。雅斯贝尔斯存在主义哲学的交往论主张这种过程也是师生间心灵沟通与精神交流的自由交往,交往的方式是对话,在对话中进行自由、全面的教学。雅斯贝尔斯还指出,在对话中不必使学生附和教师的观点,学生得到的知识是在与教师的对话与讨论中逐步形成的,要让学生自己发现知识。

讨论的知识结论都不是永恒的,课堂教学过程是"动态的",是自由生成性的。因此,在教学观上,教师应依据与学生交流、讨论的过程与生成的新观点适时调整教学计划,教师创设的讨论主题不能依照固定的模式,要通过生成性的课堂交往使师生双方自由生成。雅斯贝尔斯认为教育过程是"精神成长过程",教育本质是唤醒人的精神和心灵。教育意义在于人的回归,教育任务在于使人获得精神成长。教学目标应促进学生生命健康成长,应具有精神成长性。因此,课堂教学生成的教学目标在于促进学生生命健康成长,这个目标具有精神、心灵成长性,要唤醒学生的精神和心灵、启迪他们的自由天性,要具有促进师生双方精神成长性。

教学过程是师生生命展现与成长的过程,具有动态性。雅斯贝尔斯认为受教育者在精神成长的教育过程中自我练习、自我学习和成长。大学的理想在于各种学术研究和教学都是真理的展现,都是帮助生命成长。因而,这种精神成长过程是师生自由交往、平等交流的双方自我生成与自我成长的过程。教学内容具有"动态性",因为教育是师生主体间自由交往的过程,这种交往是师生双方爱的理解、精神的交流、心灵的沟通。这种交流与沟通是靠师生之间的对话和陶冶来实现的,同时,教学内容应建构能够导向事物本源的内容,能够启发学生的自由天性,设立回归学生生活、使学生能够达成自由生成与自我超越的内容,注重教学内容的生成性。

教学方法应具有启发性,能够唤醒学生的潜在力,从雅斯贝尔斯的教育方法观来看,苏格拉底式教育要促使学生从内部产生一种自动的力量,要引导学生与教师通过对话自主探索问题,得出问题的答案。

二、在教师观上

雅斯贝尔斯把生存看作是大全存在的基础,同样也把生存真理当作一切真理的基础,因此,教师要注重学生的自由发展。在教学的视角下,教师要退居一个暗示的地位,要把知识提供给学生,不能直接告诉学生问题的答案,要让学生不再被动接受知识,而是通过探索自己寻求答案,使学生自由地生成,启迪其自由天性,开发学生的本质以及注重其自由发展。另外,教师也要不断自我教育,进行自身的自我选择和自我超越。

　　课堂教学生成的教师观中,教师应是与学生处于平等交往、对话的角色,教师不能因为自觉在占有资源、专业理论上比学生有优势,而对学生单方面灌输,教师应意识到自己是与学生自由交往、平等对话的"共同体",教师应创设生成性知识及教学过程的情境,构建民主、平等的师生交往环境,营造师生交往的机会。教师不仅要传授知识,更要通过与学生的对话来讨论知识。教师应激励、引导学生勤思考勤探索,即使对陈述性知识,也要持有质疑的精神,在这种质疑中获得发展,这种发展不限于讨论知识方面,也包括来自教师的尊重、信任等情感体验以及自身的思维发展、积极人生观的形成。

　　同时,教师要为学生生命健康成长提供有效能量、尊重学生生命主体,使学生获得精神与心灵成长。教师要使教学目标有益于学生精神内涵的不断超越,要唤醒学生的精神世界中所未能意识到的一切,注重唤醒学生的精神和心灵。意识到教学成效不是以语言、实用技能的获得来衡量,而是以学生是否整体精神得到提升来衡量。在教学过程中教师要在与学生的爱的理解对话和平等交往中实施全面、自由的教学,反对固定的计划、训练和权威的控制,要导向教育的自我强迫。依据教学内容的"动态性"与"不确定性",教师在实际教学中要引导学生形成"不确定"的思想,对知识保持怀疑的态度。教师要意识到,教师与学生的对话和讨论不能依循固定的前提条件和固定的形式,学生得到的知识是在与教师的对话与讨论中逐步形成的,所以得到的结论和知识是相对的,不是绝对的,具有动态性、不确定性。依据雅斯贝尔斯教育方法的启发性,在课堂教学生成中,教师要唤醒学生潜在的本质,逐渐自我认识知识,教学不是单向式、程序式传递知识的过程,而应是师生共同参与的开放的对话交流、知识创生的过程。因此,教师要运用足够促进教学双方自我超越与自由生成,师生双方生命健康成长的教学方法,教师承担唤醒学生本质、导向开放、自由交往、平等对话交流的角色。

三、在学生观上

存在是一个至大无外的大全,存在永远没到尽头,对存在的追求永不停歇。人也是可能的生存,具有无限的可能,个人是不可替代的,因此学生在与教师、文本的对话交往过程中,要在原认知的基础上对学习的材料主动进行加工,产生某种新的东西。生成的这些新的体验、理解变成了学习者主观世界的一部分,变成了学生自己的观点和能力,是对"原有"的一种超越。学生要学会自我成长,实现自身的自由和生成,开放个性思维,发挥创造性,达到自我超越,学生要"勇于成为他自己"。因此,课堂教学生成是学生在对话,自然、自由状态下的主动建构,而不是一种强制性的灌输或填鸭。

学生不是被动接受知识的接收者,而是处在发展中的生命个体。要关注学生的生命价值,营造轻松、民主的课堂氛围,给予学生主动探索、交流与对话、自我成长的机遇。课堂教学生成的哲学方法是超越,个人要不断自我超越以达到生成,教师要通过创设问题化、生活化的情境,使学生通过教师自由交往、平等对话不断探索问题,运用创新思维、创造能力探究问题,并在对话中形成自己的结论,明确作为自由的个体在与教师真诚、平等的交往中发展自己的潜能,实现自我教育、达到真正的自由与生成。

第三节　课堂教学生成的特征

基于雅斯贝尔斯教育生成观及其特点,在其理论观照下的课堂教学生成的特征可以概括为以下几个方面。

一、知识和教学过程的动态性

在雅斯贝尔斯教育生成观下的课堂教学生成是在课堂教学中教师要在与学生对话时实施全面、自由的教学,关注学生的个性,正视他们的个别差异,强调教学双方要自由生成,自我超越,注重人的精神成长与心灵的唤醒。因此,根据教育生成观自由和交往的特征,首先,在课堂教学的知识上表现为不确定性,因为教育是师生主体间自由交往的过程,这种交往是师生双方精神的交流、心灵的沟通,这种交流与沟通是靠师生之间的对话来实现的,教师在实际的课堂教学中要引导学生形成不确定的思想,对陈述的确定性的知识要保持怀疑的态度,使学生在怀疑中发现自己的问题所在,并有所发展。并且在对话中,教师不是知识的占有者,而是通过对话启发学生,让学生自己发现知识,这种对话和讨论不依循固定的前提条件和固定的形式,学生得到的知识是在与教师的对话与讨论中逐步形成的,所以得到的结论和知识具有不确定性,是相对的,而不是绝对的。

其次,在课堂教学的过程中也表现为不确定性,因为在课堂教学中教师要在与学生对话时实施全面、自由的教学,要导向教育的自我强迫,"教育绝不能按人为控制的计划加以实行"。教师在适当的时候可以对教学计划做出调整与修改。反对教学过程严密的控制性和计划性,教育事件和教学过程也是自由生成的,教师要引发学生多思考,多探索,这种课堂教学是一种动态的存在。

课堂教学生成哲学理论基础的认识论指出真理是相对的,课堂教学中的知识是通过讨论、自由交往生成的,课堂教学过程是动态的。因此,课堂教学生成具有"注重知识及教学过程动态"的特性。教师要创设情境化的、生活化的、有益于问题探究的课堂氛围,通过与学生自由对话、自由交往达成师生间的精神交流与心灵沟通,且在对话中使学生意识到不要因为教师的权威而附和教师的观点,生成的知识是具有不确定性的,并不是"标准答案",并且生成知识的过程是通过不断与教师自由交往,在讨论交流中逐步形成的,教学过程具有动态性。

二、教学双方的自由生成性

个人就是要达到不断的自我超越以达到生成,主体大全要由实存、一般意识、精神的自我向生存超越,客体大全要由世界向超越存在超越,人永远不能穷尽自身,人的本质不是不变的,而是一个过程。因此,教育生成观具有自由和自我超越的特征,反对盲目地崇拜教师权威、书本权威,主张教育应是促进人的自由生成,导向人的心智觉醒之本源和根基,在课堂教学中要注重教学双方互动性和自我超越,即自由生成,使之达到"自我超越"的过程。人要成为完整的人在于自身的不懈努力和对自身的不断超越,因此在课堂教学中,既强调使学生在教学过程中能够最大限度地发掘自己的潜力,使学生的内部灵性与可能性充分生成,使之自己探索得到问题的答案,同时也强调教师的自我超越。因为雅斯贝尔斯认为真正的教育总是要靠那些不断自我教育以不断超越的教育家才得以实现,因此教师应该是一身二任,既从事教学又应该是一个研究者。最好的研究者才是最优良的教师,只有这样的研究者才能带领学生接触真正的求知过程,并具有科学的精神,只有教师才是活学问的本身,与教师在课堂教学中交往之后科学的本来面目才得以呈现。

雅斯贝尔斯认为"教育是使受教育者自由的生成,并启迪其自由天性",即教育应根据人的可能性的本质使受教育者在课堂教学中达到自由的自我超越和自我成长。这种观点来自于他的存在主义的哲学基础——至大无外的大全,可见,课堂教学的过程是受教育者自我超越和自由生成的过程,不能改变人生而具有的本质,要根据受教育者的天分和可能性来促使其发展,从而使受教育者发挥自己无限的潜能。把受教育者引导到自我教育和自我发展的轨道上,使他成为"他自己",是教育者的最终任务,即生成性的课堂教学应是受教育者的自我教育。但雅斯贝尔斯认为,这种自由的生成性不仅指受教育者,而且包括课堂教学中的教育者,因为每个个体都要注重自由和注重自我超越,即自我实现和自我教育。教育者在促使受教育者追随自己的同时,自身也要在与其自由交往和对话中完成自身的自我成长和自我超越。同时,教师要在与学生平等、理解的对话中彰显出对学生的新的召唤、新的期待。在教学双方自由生成的过程中,尤其是面对教学机智时,要尊重学生、从儿童视角相信儿童天性,相信每个学生都乐学、勤学、好学。

因此,课堂教学生成具有"保持教学双方自由生成性"的特性。其一,教师应正视学生间的差异,在课堂教学中做到既照顾学生的"共性",又关注学生的"个性",尽可能使每个学生都能够实现符合自己的"生成",在课堂与学生自由交往的过程中,有的放矢地进行灵活的对话。其二,教师要作为研究者,而不是教书匠。教师不能照本宣科,因此在课堂教学中教师不要刻意将学生塑造成"自己期待的样子",不能使用"权威"使学生"生成"。其三,教师应从帮助者的角度出发,在与学生合作研究的过程中呈现科学的本来面目,要秉着教学相长的态度做一个好的研究者,带领学生接触真正的求知,从与学生的交往中得到客观的评价,从而不断地修正,达到自我成长,最终实现双方的"自我超越"。

三、教学方法的启发性

教育生成观的教育意义在于要使个人在全体之中发挥无限的可能性,达到自我超越,根据教育生成观自我超越的特征,教育目的的达到是个人"自我超越"的过程,人要成为完整的人在于自身的不懈努力和对自身的不断超越,因此雅斯贝尔斯推崇苏格拉底的"催产术"。雅斯贝尔斯认为,经院式教育、师徒式教育、苏格拉底式教育是教育的三种类型。其中,经院式教育只注重以教材为中心的知识传授,教师照本宣科,教材是固定的,教师的地位无足轻重,教师无须任何创新,教师只是书本的代言人。师徒式教育是完全以教师为中心的,具有个人主义的色彩,在这种教育中学生对教师是绝对服从的。

苏格拉底式教育则要求师生可以自由地探索、思考,没有固定的教学方式,这就是自我超越的途径,他认为苏格拉底式教育是顺应人的心灵的需要,苏格拉底的对话也是一种深入心灵深处的对话,表现在课堂教学中就是要运用苏格拉底式教育使师生自由探索与交往。对学生而言,由于这种教育是靠自己的努力逐步认识真理、探索道德,通过苏格拉底式教育来探究问题、交往、对话以获得真理,学生生成的就不是单单地增加知识,更重要的是其整个精神得到成长,通过师生双方讨论与对话,不断的追问能够使受教育者达到自我超越。因而,基于雅斯贝尔斯的教育生成观下的课堂教学生成在教学方法上具有启发性的特征,教师与学生之间要展开积极的讨论和交流,教师不能给学生现成的答案,而要让他们自己通过探索去做结论,这样,通过课堂教学才能促使学生完成自身的自我超越与自由生成。

雅斯贝尔斯的哲学观旨在使个体发挥自身无限的潜能和可能性,达到自我生成与超越,哲学的交往是自由的,个体通过自身不断的努力,实现自我超越成为"完整的人",这种自我超越和自由交往是以一种"启发、自由追问"为途径。传统课堂教学中填鸭式的教学方法让学生死记硬背,不能让学生实现自我超越,因为填鸭式的教学方法中教师是课堂的权威和主宰,课堂教学是一个封闭的、单向的、静态的传递与接受知识的过程,过分强调教师的预设,以教师教书本知识为本位,导致应试化教学,忽视人的个性,学生常处于被动位置,被培养成了知识的奴隶;而基于雅斯贝尔斯的教育生成观的课堂教学生成在教学方法上具有启发性,这时的课堂教学不再是程序化的课堂,也不再是教师单向地向学生传递知识的线性教学,而是师生共同参与的开放的对话交流、知识创生的过程,有利于学生的自我超越与自由生成,学生的主体地位越来越得到重视。

因此,课堂教学生成教学方法具有启发性的特性,教师在运用启发性的教学方法时要注意几点要求:其一,在课堂教学过程中教师不能把既定或已知的答案告知学生,应通过师生交往和对话,引导学生自主探索,获得问题的答案,并得出结论。第二,教师要因材施教来启发学生。同时,若意识到学生的答案是不合理的,如违背基本道德常规的,教师也不能使用权威禁止某种行为,应恰当地利用问答、启发使学生意识到自己的错误,不能任由其向错误的方向发展。第三,师生并非屈从、依赖的关系,而是研究和合作的关系,要使学生体验到可能的真理是通过与教师不断地对话来获得的。

四、教学目标的精神成长性

在生成中,人的精神内涵有不断向上超越的潜能,人在历史条件下并非已经不再发展、不可改变,而是有无限发展的可能性。根据教育生成观的注重唤醒人的心灵的特征,生成的静态形式即习惯,动态形式即超越。在生成中,个体生命不是固定不动的,不可发展的,发展具有无限可能性,个体生命的精神内涵有不断向上超越的潜能,人只有不断超越其自身才能成为真正的人,任何人都意识不到自己心灵中沉睡的潜能。教育要服务于精神内涵的不断超越,教育要唤醒人的精神世界中所未能意识到的一切。雅斯贝尔斯注重自由和超越,根据教育生成观的注重唤醒人的精神和心灵,在课堂教学中,教学目标不能强迫学生成为什么样的人,只能根据人的生而固有的本性和可能性来提升人的精神境界,要注重唤醒学生的精神和心灵。教学目标要培养人对于精神受震撼的内在准备,因为教学的成效不是以语言、实用技能的获得来衡量,而是以学生是否整体精神得到提升来衡量。

雅斯贝尔斯认为个体自身的潜能是意识不到的,存在于每个个体的心灵之处。哲学上的超越要以精神内涵的超越为根基,教育要唤醒人实存、意识和精神所对应的经验世界、观念世界以及文化,在未唤醒之前这些都是未知的。也就是说,教育要唤醒个体沉睡的自我意识,对教育者来说不是传授某种知识,对受教育者来说不是接纳某种具体的知识和技能,应该是自己把握、决定成为什么样的人。因此,在生成性的课堂教学中,教学目标要注重唤醒学生的精神和心灵,这种唤醒要在其原有的可能性和本性基础上建立。

个体可以通过自觉努力而不是外界的强迫去实现自己,超越自我,并通过自身的改变来唤醒他人,在这一过程中如有丝毫的强迫之感,那效果就丧失殆尽。在课堂教学中的生成,在教学目标上注重改善学生的人性,提高学生整体精神的成长,这种人性包括倾听别人的观点、从别人的角度去思考问题、诚实、守纪律、言行一致等。总之,教学目标不仅要对学生进行全面的教育,特别要注重的是人的精神的培养和心灵的唤醒,从人生命深处唤起他沉睡的自我意识,这也是人作为个体的创造力、生命感、价值感的觉醒,促进学生的自我实现和自我超越。

因此,课堂教学生成具有"追求教学目标的精神成长"的特性,教师在课堂教学中为实现这一教学目标,可以从以下几方面展开。其一,教师要意识到最终的教学目标不是以学生掌握了多少知识、提高了多少升学率,甚至是学生掌握了多少实用技能来权衡,而是要把学生的精神成长性、整体精神得到提升作为教学目标,教育的最终目的是要让学生获得"懂得爱的教育",而不是"答题的高手、行动的哑巴"。其二,教师要尊重学生自由的获得,让学生自己决定成为什么样的人,关注学生人格的培养,促进学生的全面发展,使学生通过引导自由而获得精神的成长。其三,教师要维护有秩序的课堂氛围,并且这种氛围要符合精神成长性的教学目标,即学生在良好的课堂氛围、有秩序的交往中获得心灵的唤醒。第四,在与学生的自由交往中,教师要有意识地培养学生在对话中善于总结他人的观点、倾听他人不同的意见,体验他人的感受,同时运用形成性评价以及多元化的评价方式促使学生达成精神上的成长,实现自我超越。

第七章 教师教育模式改革的路向：课堂教学生成的途径

构建基于核心素养的教师教育模式要贯彻落实党的二十大精神，落实"立德树人"的教育高质量发展任务，联结理论取向与实践取向教师教育的本然统一，需要建立促进教师教育者与准教师自由生成的课堂教学体系。生成性课堂教学作为教师教育模式改革的主体问题，其生成途径是教师教育模式变革的路向。通过对课堂教学生成的哲学理论基础，课堂教学生成的内涵与特征、意义的探究，能够为课堂教学实践者——教师教育者实施课堂教学生成、促进教师教育模式变革提供参考依据。因此，基于前文所述，可以从以下几方面构建课堂教学生成的途径，以深化课堂教学生成理论层面的研究，推进教师教育模式变革的进程，助推教师教育高质量发展。

第一节 师生关系：自由交往、平等对话

根据教学双方的自由生成性，在生成性的课堂教学中，师生之间应建立自由平等的对话交往关系。在教师教育领域中，教师教育者与准教师之间的相互作用是一种交往活动，所谓自由平等的对话交往关系，就是说师生双方要以平等的身份共同参与教学活动、共同探究主题问题，形成平等与友好、理解与尊

重、信任与接纳、富有爱的传递的师生观。师生之间的关系不是我——物,应是马丁·布伯所提出的"我——你"平等相遇的关系。教师教育者要把准教师当成一个独立自主、自由发展的生命个体,要尊重准教师独特和完整的个性,而不能把自己的意志强加给对方。"教育者不能无视学生的现实处境和精神状况,而认为自己比学生优越,对学生耳提面命,不能与学生平等相待,更不能向学生敞开自己的心扉。"

一、教师教育者

在生成性的课堂教学中,教师教育者作为课堂教学生成的实施者,应从以下几方面建构自由交往、平等对话的师生关系:其一,要避免课堂上的个人专制,教师教育者不能一味讲述,要在与准教师的自由交往、平等对话中使准教师实现自我超越。教师教育者要转变自认为在占有资源、专业理论知识上比准教师有优势的观念,改变自信满满、用权威压制准教师想表达的观点、想述说的言语,对准教师耳提面命的做法。教师教育者要意识到在生成性的课堂教学中,与准教师的课堂交往关系是"朋友式""合作式""同伴式"的。师生关系是在自由交往、平等对话中产生思维的碰撞、心灵的契合,要接受这名课堂交往中同伴的新思想、新观点、新思维,向准教师学习,向探究问题合作伙伴汲取探究问题新方法。教师教育者要与准教师成为学习共同体,要共同探究、合作,生成新观点、新思路。教师教育者的任务是要成为准教师自我生成与发展的"引导者",促进其核心素养提升,而不是传统教育中对学生的"训练"或"教导",教师教育者只是准教师探究问题的促进者、鼓励者和帮助者,在课堂教学中并不是权威的,要引导准教师自由地成为他自己,自己探究学习的动机。

其二,教师教育者要在课堂教学中制定讨论规则,提升探究问题效率,可以说,虽然课堂教学中双方是自由交往的,要尊重个体自由生成,但为提升作为学习共同体的双方探究问题的效率,应规范讨论的频率与次数,比如当举手回答或讨论同一问题时,为给予回答问题的均等机会,可制定3+2方式,即一个讨论问题可规定由三名同学回答,如果举手的学生还是相对较多,可规定好再给予两人机会以表达自己的观点与看法。还可以通过抽签的方式给予学生想回答问题的公平性,在这个过程中还会增加学生参与回答问题的兴趣,以此,学生会提前知晓回答问题的规则,避免了没有表达机会的"烦恼"。

其三,师生交往是爱的交往,在生成性的课堂教学中,教师教育者要热爱并理解准教师,关心其生命健康成长,关注精神的成长,要在自由交往与对话中显现对准教师的爱,并在爱的传递中体现师范生作为准教师对其未来教育对象的爱,体现爱的"二重性"的独特性,爱的行为的自愿性与内在性。爱的理解是师生双方价值升华的一个因素,爱是使一个人成为他本来的样子,"爱是教育的原动力,一个人的本来面目只有在爱他的人眼中显现出来"。

其四,教师教育者应具有独立的见解和追求,就是说教师教育者要创设民主、轻松讨论问题的氛围,在与准教师进行讨论时,能够在与准教师生成新观点的同时具有自己独到的见解,达到师生双方自由生成,能够引导准教师自我生成、自我发展的目的。

其五，教师教育者要在课堂教学中建立以师范生自我生成与发展、自由交往与平等对话为基点的教学模式，关注师范生学习体验、参与学习的程度与学习的效果，满足师范生学习需要，使中小学准教师根据中小学生的需求建构学习内容与学习方式，关注全体中小学准教师整体的能力发展水平和培养目标，而这种培养目标和发展水平要依据准教师为中心的学习模式来实现。

其六，教师教育者在课堂教学过程中，要根据教学内容、教学具体情境、师范生探究问题状态与学习需要来确定启迪其自由天性的教学方法，形成有益于师范生自由交往与平等对话的教学观，关注师范生在课堂学习中的主观参与和学习体验。可见，教师教育者要建立以"师范生自我生成、自由交往与平等对话为中心"的生成性课堂教学，以师范生自我发展与自我生成为出发点和落脚点，以师范生与教师教育者能够自由交往与平等对话为中心设立教学资源，要求教师教育者了解、认识、理解师范生，这不仅仅停留在其身心发展特点认识，更要基于遵循师范生的自我成长与自我生成规律、需求开展课堂教学工作。

同时，教师教育者要引导准教师作为中小学教师，要能够在职后教育教学工作中意识到中小学教师与中小学生是平等的。虽然中小学教师作为成人与中小学生作为儿童，从发展状态与社会角色来看，不能达到完全平等，因为中小学教师与中小学生在受教育、占有资源上都是中小学教师占据优势，也就是说中小学教师占有主导性。但是从教育生成观、人类基因、人类学来看,作为人的个体生命来看,人的个体生命具有人类生命的全部基因,具备同一人类的基因组合,每个个体的基因差异是很小的,其发端都是相同的,因此,人与人之间有着共通的人类基因组合,每个个体生命是类生命的全部持有者和独特(部分)展现者。另外,师生双方在生成性的课堂中都是平等的,因此,从生命视阈、教育生成观视阈,中小学教师与中小学生的关系都是平等的。

因此,教师教育者要引导准教师作为未来中小学教师要创设民主、平等的课堂交往氛围,要"蹲下来"看儿童,不能对中小学生"耳提面命",要从自由交往、平等对话的视阈看待中小学生,不能用"权威"压制儿童天性、需要与表达的愿望。教育生成观具有自由和自我超越的特征,主张教育应是促进人的自由生成,因此,教师教育者与准教师要在自由交往、平等对话中达成双方自由生成,达到"自我超越"。教师教育者要以中小学生成长需求作为培养准教师的逻辑起点,就需要教师教育者也具有小学儿童的专业知识与专业能力以及以小学儿童成长需求为核心的教"教"和示"教"的专业素养,建立以中小学生成长需求为人才培养逻辑起点的课堂教学生成体系。每个儿童都是"天生的哲学家",作为中小学教师要在为中小学生创设民主、轻松、愉悦的课堂氛围中,引导中小学生敢于表达自己的观点,实现师生双方自由、平等对话的课堂生成性交往。

二、准教师

为确立课堂教学中自由平等的对话交往关系,准教师在生成性的课堂学习中要在尊重教师教育者的基础上,与其自由、平等对话,并要在今后的中小学课堂教学中,注重引导学生在尊重教师的前提下积极发表自己的见解与观点,自己找到问题的答案,使自己在课堂教学中达到自我超越,获得心灵的唤醒与自我生成。

师范生作为未来中小学教师要在中小学教育工作中既能教学科知识与技能,又能带领中小学生开展各种文体活动,要成为"多面手"。师范生具有学"'教'活动"的独特性素养价值诉求,但师范生要意识到不是记住学科知识内容与会教中小学学科知识就是一名优秀的中小学教师,自身还应具有创造性与批判性精神,才能在实践中培养中小学生具有创新精神与创造能力,达成生命健康成长。因此,准教师首先要具有创造思维与批判思维,才能在职前生成性的课堂学习中,与教师教育者自由交往、平等对话。另外,教育教学工作是在实践、反思中进行的,准教师作为未来中小学教师要能够与中小学生进行有效沟通与交往,要运用中小学生能够理解且符合其特点的教师语言、善于倾听,理解中小学生的话语,读懂中小学生的表达。因此,准教师要在职前生成性的课堂教学中,提升自身创新思维、创造能力与批判思维,与教师教育者在自由交往、平等对话中达成自我生成与自我超越。

另外,在生成性的课堂教学中,准教师不能因教师教育者在占有资源或理论专业性方面具有优势,而对交往自由性与对话平等性心怀惧怕,要在对话、交往中敞开自己的心扉,尝试自由发挥自己的聪明才智,与教师教育者自由平等地对话。课堂教学生成的哲学方法是超越,主体大全要由意识向生存超越,客体大全要由世界向超越存在超越,个人要不断自我超越以达到生成。准教师要意识到在课堂学习中需要自己通过与教师教育者自由交往、对话不断探索问题、形成结论,明确自己不是接收固定答案的接收者,而是作为自由的个体在真诚的交往中实现真正的自由与生成。同时,要敬爱那些不滥用权威并以德服人的教师,因为自由平等的对话交往关系并不意味着学生可以只发表自己的观点和意见而不尊重教师的引导。另外,准教师要具有自己独立的见解、观点和追求,这样才能在与教师教育者的真诚交流与对话中表述自己的看法,自己找到问题的答案,使自己在课堂教学中达到自我超越,获得心灵的唤醒与自我生成。

准教师是从事中小学教育教学的工作者,中小学教师要服务于中小学教育,中小学教育要满足中小学生的需要,中小学教育在实质上是关于中小学生的教育。那么,中小学教师要构建以中小学生为核心的价值观、必备品质与关键能力,因此,教师教育者要确立以"中小学儿童成长需求"为核心理念,将其作为培养准教师的逻辑起点,在课堂中促进中小学生健康成长、自由交往、平等对话。中小学生的世界是整体的,不是分裂开来的,要从发展、整体的视角看待中小学生。目前,卓越教师培养计划也注重全科教师的培养,从整体视角防止对学生割裂的评价,造就符合儿童成长规律的中小学教师,体现中小学教师专业发展的综合性。"儿童是天生的哲学家",中小学教师要基于中小学生的需要来开展教育教学活动,需要不断了解、认识儿童。因此,教师教育者需要培养准教师在双方自由交往、对话中具有基于中小学生的专业素养,将中小学生成长需要作为教师教育者课堂中师生关系、人才培养的逻辑起点,可以从以下几个方面展开。其一,教师教育者要培养准教师以中小学生为核心的专业素养,就需要准教师具有"跨学科""主题式"的教育教学能力,这就要求教师教育者自身也要具有教授综合知识的能力。其二,构建以培养准教师具有满足儿童成长需要的未来中小学教师。其三,在课堂教学中准教师要多体验、多感受教学实践的经历与机会,通过教学实践展示、交流回归中小学教育现场,从而与教师教育者建立自由交往、平等对话的师生关系。

从教师教育机构对教师教育者进行外在规约。小学教师教育机构需要给小学教师教育者提供小学教育教学实践经历,能够与小学准教师共同在教育现场中认识、了解小学儿童。此外,还要建立针对小学教师教育者专业发展理念——以小学儿童成长需求为人才培养逻辑起点的小学教师教育培养体系。

由此可见,课堂教学中的生成在师生关系上主要是靠教师教育者与准教师自由的对话与交往来实现,课堂教学中师生双方是互为主体的关系,应重视教师教育者与准教师之间人际关系的情感教育作用。教师教育者应当在依据准教师生命独特性的基础上,充分发扬教学民主,尊重其人格,通过积极引导、敞开心扉,让其表达自己的观点与见解,努力创造良好的教学氛围,促进师生双方自我生成与自我超越,使双方主体性、能动性得到充分发挥,提升核心素养发展,实现课堂教学生成的路向与价值皈依。

第二节 教学过程:体现问题情境、自我教育与生成

生成性课堂教学过程是让受教育者在实践中自我练习、自

我学习和自我成长,教师教育者的终极使命就是把准教师引到自我教育的道路上,帮助个人自由地成为他自己。因此在教学过程中,教师要积极引导准教师进行对话、自由交往,结合热点问题、生活化的问题情境与准教师感兴趣的问题进行讨论与交流,导向"教育自我强迫",导向事物的本源。

一、创设生活化问题情境

在生成性的课堂教学中,需要建立回归准教师与其未来教育对象生活的教学过程,核心素养的培育要通过基于、融入其生命与生活来实现。要遵循准教师核心素养发展需求进行教学过程设计,通过创设生活化问题情境,让准教师讨论、交流真实生活中需要的问题,才能使准教师全身心地投入到生成性的自由交往与对话中,为准教师核心素养提升与生命健康成长提供有效能量。通过创设生活化问题情境,让准教师有兴趣,并敢于发表自己的见解与观点,有助于促进自我生成与自我超越。课堂教学中,探究与交流的问题是准教师感兴趣,并来源于生活的,教师教育者要善于运用生活中的问题进行教学过程设计,联结准教师的生活来交流与对话。通过生活化问题情境,有效提升准教师的问题意识,激发准教师的求知欲,使教学过程成为促进准教师的整体精神成长的过程。

其一,建构关注准教师核心素养与兴趣的教学过程,创设生活化问题情境,"真正好的教学不能降低到技术层面",教学过程是要促进准教师核心素养提升、教师教育者与准教师自由交往与对话。教师教育者要建构符合准教师核心素养的教学过程,就要回归准教师生命与生活,构建生活化情境,要培育准教师在今后教育教学工作中不是只注重从考试要求、课标内容出发制定教学目标,更重要的是要依据中小学生核心素养养成与生命特性建构教学目标。其二,教学过程要能够唤醒师生双方的精神和心灵,启迪自由天性。要基于准教师生活与学习需求。布迪厄的实践的逻辑给予教师教育的启示是教师教育模式要回归教育实践的体验性、情境性,也就是说教师教育课堂教学活动设计应以准教师生活与学习为出发点,并且这种学习需求是基于准教师与准教师未来教育对象生活体验的。教师教育者要创设生活化问题情境、运用有效方法促进准教师核心素养养成和学习能力提升,推进在课堂教学中准教师自由生成、自我超越的目标。其三,课堂教学过程要在创设生活化问题情境的同时,尊重准教师生命主体,建立平等对话的师生关系,培育准教师核心素养养成。在生成性的课堂教学中,教师教育者、准教师与其未来教育对象中小学生都是平等的,虽然准教师作为成人与中小学生作为儿童,从发展状态与社会角色来看,不能达到完全平等,但是从人类基因、人类学来看,人与人之间有着共通的人类基因组合。因此,教师教育模式的教学过程要注重创设民主、平等的课堂交往氛围,建立回归准教师与中小学生生命与生活的课程与教学体系,创设生活化问题情境,培育其核心素养的养成,体现基于核心素养的教师教育模式变革的诉求,实现课堂教学生成,促进自我练习、自我生成与自我成长。

二、注重自我教育与生成

雅斯贝尔斯认为真正的教育是自我教育,认为教育是个体自我教育和自我实现的过程,教育过程就是帮助人自由地成为他自己的过程。教师教育者要通过建立与准教师合作——探究的交流方式,唤醒其内在潜能,促进其整体精神成长,在师生双方自由交往与交流中自我练习,实现自我学习和自我成长。

在生成性课堂教学过程中,教师教育者要发挥自身的引导价值,体现准教师的教学"资源"的重要构成和生成者作用。由于个体受原有知识、经验和能力的局限,在自由交往与交流中不能短时间生成新的知识与观点,因此教师教育者要做好引导,注重准教师在合作、自由交往中的主体地位,准教师需要结合具体生活情境问题进行合作与探究,教师教育者要善于设计符合准教师学习需求的合作、探究式问题,引发准教师在合作、探究学习中的主体性,不能仅让其自读自悟,需要在唤醒心灵的教学过程中与准教师共同学习、平等对话,开展合作、探究学习。另外,从准教师今后的课堂教学工作来看,要形成凸显爱学生的教学机智以点睛课堂"小插曲"。雅斯贝尔斯认为教育的原动力是爱,教师教育者要引导准教师今后在教学过程中面对的是正在成长的中小学生,是充满着各种可能性的儿童,教学机智是教师面对特殊的教学情境最富灵感的"点睛之笔"。在课堂交往过程中,随时随地都可能发生预料不到的事。原因在于中小学生活泼、生动、好奇心强,他们是活生生的、有思想、正在成长过程中的人。因此,教师教育者要培养准教师具备敏感、迅速而准确的判断能力,能够随机应变,灵活机智地形成凸显爱儿童的教学机智。准教师在课堂教学中教学机智的运用要建立在爱学生、促进学生生命健康成长的基础上,实施有效教学。准教师要意识到课堂中"意想不到的事情"的处理在让学生探究知识的基础上,更重要的是通过对学生"理解的爱"凸显自我教育与生成。

  同时,教师教育者要在教学过程中引导准教师,在今后作为中小学教师的课堂教学中,创设能够满足中小学生学习需求的情境,能够在最近发展区之间进行问题讨论,从而提升中小学生学习质量与效率。在中小学阶段的合作、探究学习要经过合理的调动与规划,要体现出让中小学生在合作中自主合作学习,能够选择与同伴合作,能够组织合作。对于中小学生来说,教师发起的合作、探究学习的关键,就在于能唤起同伴意识和合作精神,开阔视野,激发想象,培养学习兴趣与习惯,提升核心素养发展。因此,准教师作为未来中小学教师的生成性课堂教学过程设计要满足中小学生学习需求,就需要创设合作、探究学习情境,结合中小学生实际,将学习任务与儿童生活实际相联系,使其能够引发儿童学习兴趣,如游戏、角色表演、生活问题解决等。

  在中小学生进行合作、探究学习中,教师应为每一个中小学生搭建小组学习平台,教师要参与到中小学生学习研讨之中,发表自己的观点,倾听中小学生的意见,对他们的观点提出质疑,引发疑问,对中小学生学习实践给予引导。密切关注中小学生合作、探究学习实践过程,及时发现探究学习过程中存在的问题,把握学习时间,掌握方向进程,了解中小学生学习态度,及时采取探究性学习评价。组织、引导中小学生对各小组合作学习的过程、方法策略、效果等方面进行评价。通过指向团体的评价,引导中小学生进行反思、总结、改进自己的合作、探究学习,通过评价体验合作、探究学习的快乐,学会沟通与合作、自我发展与生成。

第三节 教学方法:注重自由讨论、交往与追问

课堂教学生成中知识和教学过程是不确定的,是动态的,以及注重教学双方的自由生成性。"真正的教育绝不容许死记硬背",教学既要使准教师在自由交往与交流中生成新的知识,更要培养准教师学习主动性和理解力、思考力等能力,因此,在课堂教学中不用统一的标准对学生提出标准化的要求,为适应准教师的能力、个体生命的不同性,师生双方可展开积极、自由的讨论和交往。

一、开展积极的自由讨论与交往

这种讨论不是把现成的知识以某种方式传授给学习者,而是从学习者那里引出知识,并由学习者自己决定和选择,通过这种教学方法学生获得的是自己探知而得的知识,它可以使人认识到人的存在中必然会遇到的道德难题以及自由选择的责任。因为对准教师来说,最重要的不是掌握科学,而是唤醒其内在潜能、促进其整体精神成长的过程。教育生成观的教育意义在于要使个人在全体之中发挥无限的可能性,达到自我超越。根据教育生成观自我超越的特征,教育目的的达到是个人"自我超越"的过程,人要成为完整的人在于自身的不懈努力和对自身的不断超越。因此,生成性的课堂教学过程应是人的精神成长的过程,是充实精神世界的过程。这就要求教师教育者在与准教师开展自由讨论、交流的知识生成过程中,使准教师受到思

维明晰性和理解力的锻炼，获得对事物的确定了解，然后在自我生成的教学过程中自己进行思考与探索接下来的教学内容。

因此，在课堂教学过程中，教师教育者运用的教学方法不能是大学课堂的"一言堂"，教师教育者不是把知识传授给准教师，而是依据现有的讨论主题，把知识提供给准教师，导向教育自我强迫，其中不能包括任何强制的成分，不能把自己的价值观念和道德标准强加给准教师。教师教育者需要做的只是把自己信奉的原则及其理由告诉准教师。总之，教师不是按照同一模式把准教师复制成同一类型。导向教育的自我强迫就是要使准教师在课堂教学中从"要我学"到"我要学"，因为真正的教育总是要靠那些不断自我教育以不断超越的教育家才得以实现，教育绝不能按人为控制的计划加以实行。学生通过教师直观的图片和形象进行的教学所提供的知识，自己产生学习的兴趣。

二、运用追问与提问启发思考

教学过程是唤醒人的内在潜能、促进人的整体精神成长的过程，因此要运用个别化教学方法。因为每个受教育者是千差万别的，所以在教学方法或教学进度方面不用整齐划一，也不用统一的标准对准教师提出知识点与标准化的要求。另外，依据雅斯贝尔斯的教育生成观，他提倡苏格拉底式教学法，这和准教师的"自我生成"是分不开的。教师教育者要通过不断地追问与提问来激发并引导准教师思考，避免讲授法所带来的机械式的师生关系，要通过自由对话，达到个体自我教育和自我实现的过程，唤醒内在潜力。

教师教育者在选择与运用教学方法时，要以准教师核心素养提升与生命健康成长为根本目的与出发点,注重多样化、有效性、灵活性与创造性。准教师不同于其他大学生,需要具有理解中小学教育、研究中小学生、发展专业自我的核心素养构成。因此,教师教育者不能仅通过不断地讲解让准教师理解知识点。不难发现,师范生在实习或成为一名正式中小学教师后,就已表达职前教师教育中理论课学习与中小学中的实践教学有一定的差异,"走上工作岗位后,感觉是一种重新认知转换的过程"。可见,教师教育者在生成性的课堂教学中需要通过不断追问与提问的教学方法,联结教师教育理论与中小学实践。

  教师教育者可以通过建立"三项互通"跨界研究机制,搭建教师教育理论与实践相通之桥,联通准教师与中小学生的成人与未成年人世界。所谓"三项互通"跨界研究机制是指两类教师教育者、培养机构与学术研究三项互通。两类教师教育者互通是高校教师教育者要与中小学教师教育者建立长期沟通与合作跨界交流机制,共同研究教师教育理论与实践,形成理解师范生与中小学生生命成长特点的协作共同体。培养机构互通是跨专业、跨学院、跨学校联结互通,教师教育者要自由徜徉于其中。跨专业是指高校内"教育学类""学科教学论"等不同专业的高校教师教育者要做好协调互通工作,打破"师范性"与"学术性"之争。跨学院是指联合高校内不同学院,如艺术学院、人文学院,协同培养师范生,在培养师范生艺术素养与科学文化修养的同时,促进教师教育者自身综合素养的发展。跨学校是高校与高校、高校与中小学跨界合作,更好地发展准教师理解中小学教育维度素养。

同时,教师教育者要引导准教师在今后课堂教学中从中小学生实际出发,随时调整教学方法,同时,从教学实践出发,在把握现有教学方法的基础上有所创造。同时,中小学教育是养成教育,作为中小学教师与中小学生的生成性课堂交往还在于培养中小学生良好行为习惯与知识的生成,教学方法的选择还应基于中小学生考虑养成教育的基本目标。因此,教师教育者要引导准教师作为中小学教师不断进行自我审视,运用追问与提问的教学方法的同时,调整和改进教学方法,获得实践智慧,探寻教学活动的规律,促进师生双方自由生成与自我超越。

第四节　教学内容:强调跨学科与生活价值

雅斯贝尔斯指出:"全部教育的关键在于选择完善的教育内容和尽可能使学生之'思'不误入歧路,而是导向事物的本源。"根据大全的内在样式向超越样式的飞跃,主体的实存、一般意识、精神向生存超越,因此,个体就要超越实存自我、一般意识的自我以及精神的自我。个人与世界的交往就是认识和征服,个人体验到的是客观的存在,就需要自然科学;个人与个人需要用仁爱交往,体验到的是自我的存在,这需要哲学;只有与超越存在的交往中,个人才能真正实现自为的存在,这需要的是信仰。

雅斯贝尔斯看到科学的发展日益证明了自身的确定性和普遍有效性,科学是哲学不可缺少的前提,而哲学则是科学研究的指导,只有通过科学知识,人才能受到正确的思维训练,才能认识到知识的界限,使人感到自身的无知,从而追求超越,人才能达到理性的境界。但是科学不能提供价值标准,不能回答关于自身、实际存在的意义问题,所以科学必须要接受哲学的指导。雅斯贝尔斯还认为艺术也能使人的精神内涵实现超越,艺术以绘画、音乐和诗歌等形式去唤醒的本然存在,感动人的精神世界,而人又通过艺术而认识到自己当下的超越层面,欣赏艺术作品可以带来愉快和慰藉,这是理性所达不到的。因此,在课堂教学中在知识是相对的前提下,应以哲学教育、科学教育以及艺术为主要教学内容。

依据雅斯贝尔斯关于教育生成观中知识的相对性,课堂教学生成中的教学内容应是在师生双方自由交往中生成的,应从注重基本知识、基本技能获得到注重符合准教师生活价值与未来教育教学工作需要,以有益于准教师核心素养的提升与生命健康成长为前提。

一、建构"跨学科"的教学内容

基于核心素养的教师教育模式改革要求准教师具有理解中小学教育的素养,具体要具有跨学科素养、综合素养与生命素养。在生成性的课堂教学中师生通过自由交往生成的知识具有不确定性,这也是雅斯贝尔斯哲学认识论中关于真理的观点,他认为:"真理就是在这一时间是准确无误的判断,另一时间却成了谬论。"也就是说,真理对某个个体来讲,可能是真知灼见,但对他人来讲可能并不是信奉的真理,甚至体现为相反的结论。因此,在生成性的课堂教学中,要通过建构跨学科的教学内容,使师范生作为准教师在与教师教育者自由交往中基于跨学科的知识,生成新的内容与观点。

"跨学科"一词是从英文翻译引进的,从引进之初,基本把"跨学科"与"交叉学科"这两个概念等同使用。柯林斯英语字典将跨学科术语界定为涉及两门或多门学术学科(involving two or more academic disciplines)。牛津字典将"跨学科"解释为属于或涉及一个以上研究领域(of or covering more than one area of study)。经济合作与发展组织(OECD)提出跨学科是两种或两种以上学科之间的互动。跨学科作为一个舶来词,在我国于2015年之后研究呈上升趋势,说明"跨学科"在我国是研究的热门问题。关于跨学科教学内容中美国的跨学科教学内容经常围绕课题进行,包括以学科为中心的多学科课程、以各学科共有的学习内容为中心的跨学科课程。在德国关于跨学科教学是指以一个学科为中心,在这个学科中选择一个中心题目,围绕这个中心题目,运用不同学科的知识,展开对所指向的共同题目进行加工和教学。在芬兰主要是基于某一具体"现象"(Phenomenon-based)同时展开多个学科的学习。国内关于跨学科教学内容研究多集中在 STEM/STEAM(STEM 指科学、技术、工程、数学;STEAM 指科学、技术、工程、艺术、数学。)和芬兰研究取向或新课改研究。

因此,跨学科教学有这样几个特点:跨学科教学的理论内核在于建构主义,基于现象、主题、项目等重新建构知识以及学科之间的关联。跨学科教学是整合取向的,是基于两个或两个以上的学科,建立学科之间有意义、有价值的联系,并以此联系作为纽带将学科进行融合,进行课程开发,组织跨学科教学。学科本身的内在逻辑和连贯性大于学科之间的整合。可以说,跨学科不仅指向直接的生活内容,体现教学内容与未来生活的联系,而且也指向教师教育中的受教育者。跨学科教学内容是师范生核心素养养成的基本内容。在跨学科教学内容中,教师教育者不预设、规定内容,而是适应师范生需求而生成内容,教师教育者在跨学科内容上扮演着适当支持与共同对话的角色。

跨学科教学内容能够促进教师教育者与准教师自由交往、平等对话,提升双方探究问题的积极性,生成新知识、新观点。同时,跨学科的教学内容建构要同时处理好课程内容系统性和前沿性的关系,要在跨学科主题教学内容中适当结合专业前沿问题,从而将前沿问题与跨学科内容相结合,进一步完善和丰富教学内容体系,促进准教师在对跨学科学习内容进行讨论、交流的基础上,同时对专业前沿动态加深了解,尤其是通过这一点,掌握对中小学教育、中小学教师与中小学生的理解与认识,为今后中小学教育教学工作以及在中小学课堂教学中构建生成性的课堂夯实基础。

要建构跨学科的教学内容,准教师要具有跨学科素养,"教育学类""学科类"以及"学科教学论类"教师教育者要加强彼此的沟通与合作,建立教师教育者共同体"协同育人",培养准教师"跨学科"教育教学能力。也就是说,准教师不仅要具备所教学科知识,还要具有"两种或两种以上学科之间互动"的知识。跨学科素养的培养是从"人"的角度进行思考,而不是单一的学科视角。准教师面对的中小学教育是生活教育、养成教育,不是学科教育,面对的教育教学对象——中小学生的世界是整体的,而不是割裂的,因此,跨学科教学内容符合准教师跨学科素养的养成，符合中小学生认知特点，可以促进中小学生整体、全面地发展。因此，这一素养的实现需要在生成性的课堂教学中以跨学科的教学内容来呈现，跨学科也是从教学内容层面实现课堂教学生成的途径之一。

二、创设具有生活价值的教学内容

课堂教学生成的哲学理论基础的认识论的任务就是寻求一体真理的统一，创设具有生活价值的教学内容是课堂教学生成的可行性途径，也是基于核心素养的教师教育模式变革的可能路向。生成性的课堂教学使教学内容传统边界受到了挑战。教学内容的建构要能够有益于师范生作为准教师的核心素养的提升，要以其生命健康成长为前提，"教学内容要能够贴近生活、融入生活"，应建构对师范生生活有意义的教学内容，即教学内容应具有生活价值。生成性的课堂教学关注受教育者在课堂学习自由交往与对话中知识的生成，"实际上，课程也只有反映社会及生活的需要，帮助个体了解社会和生活，使学校成为社会生活的一部分才能体现教学的本质功能"。

教学内容要从注重学科知识体系的科学性、统一性转向关注师范生与教师教育者在自由交往与对话中生成的知识在未来课堂教学生活中的运用。因此，教学内容应与准教师生活相联结，并增加与中小学生生活相关的部分，使教学内容联结、贯通理论与实践，充盈生活气息。教学内容的选择应以准教师与其未来教育对象生活的价值为核心，尊重准教师与中小学生生活与兴趣需要的独特价值。教学内容在能够激发准教师探究问题的同时，亦要考虑探究的教学内容能够激发中小学生的好奇心、兴趣。教师教育者要引导准教师与中小学生共同创设基于中小学生真实生活的教学内容,使中小学生意识到中小学校、中小学课堂是中小学生具有美好而有价值生活的平台,促使中小学生主动学习,养成良好的学习习惯。

具有生活价值的教学内容还意味着要与师范生作为准教师"生活融为一体,教学内容与准教师生活和现实社会实际之间保持密切的联系,使实践、生活成为学生发展的活的源头"。同时,具有生活价值的教学内容要能够有助于教师教育者与师范生共同对话、探究问题的积极性与可行性,并对创设自由交往、平等对话的民主氛围有积极的助推作用。同时,教学内容要能够使准教师引导未来教育对象适应未来社会的需要,应在未来课堂教学中创设中小学生未来所需的具有生活价值的教学内容。另外,依据课堂教学生成的哲学理论基础,建立具有生活价值的教学内容也要关注"动态性",教育是师生主体间自由交往的过程,知识表现为不确定性,这种不确定性是通过教师教育者与准教师在基于具有"生活价值的讨论内容"的自由交往、对话中生成的。

因此,教学内容转向具有生活价值的变革符合教师教育模式变革的诉求,能够促进生成性的课堂教学的讨论、交往,生发新观点、新的动态性的知识。同时,也体现了时代的要求。当今社会正步入人工智能时代,人工智能时代的知识更新速度将比工业时代更快,知识不仅是"知识爆炸",而将呈现知识更新速度更快的样态。

因此,教学内容应立足于具有生活价值与意义、能够促进教师教育者与准教师自由交往与平等对话的意愿,助推基于核心素养的教师教育模式变革。

第五节 教学组织形式:构建多样化学习空间

课堂教学生成的哲学理论基础的交往论认为教育是师生主体间自由交往的过程,这种交往过程是通过对话来实现的。从认识论来看,对话也是探寻真理与自我认识的途径,交往的过程也是师生双方精神与心灵的交流与沟通。因此,在生成性的课堂教学中的教学组织形式要有益于教师教育者与准教师之间自由交往与对话,因此,可以从以下两方面进行路向探索。

一、改革传统班级授课模式

班级授课制一直以来是高等教育与基础教育最主要的教学组织形式,生成性的课堂教学需要对传统班级授课制进行变革,建构以自由对话与交往为核心的教学组织形式,以促进教师教育者与准教师自由生成新观点。"班级授课制是把一定数量的学生按照年龄与知识程度编成固定的班级",以同一时间安排教师向全班授课的中集体教学形式。传统班级授课制的变革表现为教学实践组合方式的变化,例如通过"活动课时制",即对班级教学的单位时间做了变动,不同的学科和教学活动使用不同的课时,核心课程延长时间,辅助课程缩短时间,以使教学组织形式适应不同的学科方向准教师的特点,但也存在弊端,这种教学组织形式在一定程度上将增加教学管理工作量。

除此之外,还有通过选科制、微型课程提升学生自由选择的自由度,另外还有古德莱德提出的不分级制。不分级制是一种主张学习进度、课程范围和深度乃至学习年限均按学生个人能力而定,一般采用小队协同教学的教学组织形式。以芬兰为代表的全科包班制也是对传统班级授课制进行变革的一种教学组织形式。学生能够根据自身情况和各自不同的兴趣爱好来选择、制订学习计划,还能够选择不同的学段课程和适合自己的任课教师。这种教学组织形式能够更好地适应学生的个性化差异,体现以学生为本的教育理念,对学生全面发展和个性化发展有很大的帮助。对于生成性的课堂教学来讲,要创设适于教师教育者与准教师自由交往与对话的"研讨型"教学组织形式,要使师生双方能够在有益于对话与交流的空间组合中畅所欲言,生成新的知识内容,促进核心素养提升,助推教师教育模式变革进程。

二、建立多样化的学习空间

生成性的课堂教学要求课堂教学中的主体自我超越、唤醒精神和心灵,师生交往要启迪自由天性。这意味着教学组织形式的形态要发生改变,要将传统班级授课模式转变为多样化的学习空间,以及有益于教师教育者与准教师自由交往与平等对话的场域。"空间是物质存在的广延性。""学习空间蕴含了学习的发生场所、场景,隐喻着学习者学习的设计与信息技术的增强。""数字化校园将成为未来学校的新形态,学校实体空间将走向空心化、虚拟化。"近年来,翻转课堂、慕课的出现为营造多样化的学习空间提供了准备资源,尤其是疫情带来的线上教学、后疫情时代的线上、线下混合教学也为未来多样化学习空间带来了可能性与机遇。生成性的课堂教学实现的路向之一就是要构建"自由对话"的叠加空间,摆脱固定教材、文本等束缚,实现师生自由交往与民主、尊重、信任的生成性课堂教学。

多样化的学习空间也在于营造智慧学习空间,包括"资源的推送、数据的采集、人员的交互、个性化任务布置、多场景的泛在学习"。另外,多样化的学习空间也包括混合学习空间,混合学习空间"作为学习空间的存在形式,包含了物理空间和虚拟空间的组合"。也就是说,在这种混合学习空间中,教师教育者可以根据准教师特征,增强对其学习的理解,以自由参与、互动交流、开放获取等方式促进准教师主动、积极地讨论、交流主题问题。因此,课堂教学生成的路向在于建构多样化的学习空间,构建符合准教师学习需求、促进师生双方共同交往与自由对话、与未来时代发展契合的教学组织形式。

第六节 教学目标:契合自我生成与学习迁移

教育的意义就在于首先教育是属于人之为人,它必须是全民的教育。其次教育不能是权威的,教育要帮助个人自由地成为他自己,根据实存、一般意识、精神的自我向可能的、大全的自我飞跃,这就进入了生存的境界,并且把生存看作是大全的基础,教育要使个人在全体之中发挥无限的可能性,达到自我超越。教学目标是教学中师生所预期达到的学习结果和标准。它是教学的根本指向和核心任务,是教学设计的关键。教学目标是由一系列具有层级关系的目标组成的目标群,包括远程目标,即国家规定的教育目的,它属于最高层次;中程目标,即各级各类学校的培养目标,它是远程目标的下位目标;短程目标,即课程目标、单元目标和课时目标,它是对教育目的和培养目标的具体化。因此,课堂教学目标是使每一个人都认识到自己的存在,正视受教育者的个别差异,关注受教育者的个性,维护个人的自由,帮助个人进行自我选择和自我超越,并对自己的选择负责,达到精神的成长与心灵的唤醒,同时教师教育者在教学过程中也得到自我提升。因此,为达到这一教学目的,首先,教师教育者的教学要面向全体学生,同时也要注重学生的个性;其次,教师教育者在课堂教学中要进行自我超越与自由生成,不断提升自身,能够引导准教师自我生成、自我发展,引导准教师积极探究问题;再次,教师不能强迫学生成为什么样的人,要改善学生的人性,从而提高学生整体精神的成长;最后,教师教育者要制定符合准教师兴趣的课堂规则,使准教师在有秩序的教学氛围中自我生成与自我超越。具体说来,包括以下两方面。

一、教学目标契合教学要求与准教师自我生成

每一门课程既有一般的总体目标,又有具体性的学段目标。在生成性的课堂教学中,教学目标不能成为工具性价值的手段,教学目标应符合准教师"潜力最大限度的调动起来",建构关注准教师自我生成的教学目标,回归准教师生活,契合教学要求。"真正好的教学不能降低到技术层面",在教学目标上,以促进准教师自由生成为最终目标,教师教育者要建构符合准教师发展特点、"双重身份属性"的教学目标,就要回归准教师生活。教师教育者不能仅从考试要求出发制定教学目标,要依据准教师自我教育和自我实现、精神成长的过程建构教学目标,即准教

师在教学目标的制定过程中是主体,是教学的出发点和归宿。另外,教育生成观强调人的精神和心灵的唤醒,因此,在课堂教学目标契合教学要求的同时,在生成、交往、对话中注重教学目标的精神成长性。在课堂教学中,在课堂教学过程实施中,准教师是自由思考、自由表达观点与见解、自由交流者,要依据准教师的可能性与本性促进精神成长、唤醒教师教育者与准教师的精神,达到精神的契合与心灵的成长。教师教育者在教学目标设置上要结合教学内容思考哪些对准教师核心素养提升是重要的,有助于自由生成与自我超越,要把这些内容转化为教学目标要求。依据生成性的课程实施创生观,可以与准教师共同参与教学目标的制定。清晰的教学目标要符合几个要求:教学目标陈述的是符合准教师自我生成的教学目标而不是陈述教师的意图;教学目标的陈述应力求明确、具体,避免用含糊的和不切实际的语言陈述目标;在生成性课堂教学目标中,运用生成性目标、表现性目标作为补充,依据课堂教学实际进程、准教师的自我生成与自我超越进行设置,可以通过教学目标观察展开准教师有针对性的生成性的教学目标的设立。

二、教学目标关注准教师学习兴趣与迁移

生成性的课堂教学目标应关注准教师的兴趣与需要,教师教育者在教学目标设置上要依据准教师的学习兴趣与学习迁移。学习兴趣的迁移则是指把对其他活动的兴趣迁移到学习上来,或者把对某一问题的学习兴趣迁移到另一问题的学习中去。在生成性的课堂教学中,教师教育者要引导准教师通过自由交往、平等对话激发其对话探究、讨论问题的热情与兴趣,使之体

验到通过生成、探究问题形成新观点、新思路的成就感。在此基础上,教师教育者要对课堂教学中体验成就感与兴趣因势利导,慢慢地把它们迁移到其他问题的交流与讨论中。

教师教育者要明确影响准教师学习迁移的影响因素,例如学习对象的相同要素,即学习迁移的范围和效果大小取决于学习对象间相同要素的多少;对学习材料的理解和概括水平,即对某一问题探究生成的知识与理解越深,概括水平越高,就容易把对这一问题探究的学习兴趣迁移到另一学科探究中去;发现问题间的相互联系,即如果能发现问题间的内在联系,就容易把对这一问题的探究兴趣迁移到另一问题中去。因此,准教师需要具有跨学科的教学能力,教师教育者需要基于准教师探究问题兴趣迁移设计教学目标。

教师教育者要依据准教师"学—教"的独特属性,引导准教师在今后的课堂教学中意识到有的中小学生虽然在学习成绩上不突出,但他们有各自的长处,有的喜欢体育运动,有的擅长文艺活动。作为未来的中小学教师在教学目标设计时要考虑这些中小学生的长处,也要使他们体验到自己的成就感,创设生成性的课堂教学。

因此,教学目标在遵循准教师自我生成特点、准教师学习兴趣与迁移的基础上,需要依据社会发展、教学内容进行设计。教学目标的设计要落实教学内容在能够促进准教师核心素养提升中可能具有的功能,即发挥教学内容的特定发展价值。教学目标是师生双方在自由生成与平等交往、对话中生成的,要从教学内容本身具有的特定发展功能出发,设计有助于唤醒准教师内在潜力、提升核心素养的教学目标。生成性课堂教学的目的不是培养受教育者某一方面的能力或只具备某种技能、能力、意识的人,而是要促进准教师自由生成与自我超越,引导个人自由地成为他自己,使每个准教师能够基于探究、合作,在与教师的引导与共同交流、自由交往中,经过自己自觉的努力而不是靠外部的强迫来实现向无限的超越。课堂教学目的的达到是个人自由生成和自我超越的过程。

第七节　教学评价:多元评价与共同评价相结合

生成性课堂教学目的是使学生实现自我选择和自我超越,达到精神的成长与心灵的唤醒,课堂教学过程是让受教育者在实践中自我练习、自我学习和自我成长。知识和教学过程具有不确定性,在课堂教学中教师要在与学生的对话中实施全面、自由的教学,绝不能按人为控制的计划加以实行,因此,生成性的课堂教学是不断变化发展的。那么,就在课堂教学中要对学生采用多元评价方法,用多一把尺子来衡量学生的"不同"。在教学评价上,可以通过以下两方面进行探究,以实现课堂教学生成的路向。

一、运用多元评价增强自我生成的动力

雅斯贝尔斯认为不能按人为的计划来控制教育,反对固定的计划、训练和权威的控制,要导向教育的自我强迫,教师应在适当的时候对教学计划做出调整与修改,主张生成与预设的二者并存。

其一,教师教育者要运用诊断性评价,在课堂教学活动开始之前或进行之中对准教师的学习准备情况或特殊困难进行评价,如在前一阶段学习中知识的储备量和质量、性格特征,学习风格和能力倾向,运用诊断性评价能够确定学习准备情况,明确发展的起点水平,为教学活动提供设计依据,能够识别发展差异,从而正视受教育者的个别差异,关注受教育者的个性,维护个人的自由。

其二,教师教育者首先要运用过程性评价,及时发现课堂教学中存在的问题与困难,并通过对问题和困难的分析,寻找产生问题和困难的原因,制定解决问题、克服困难的措施,要做到及时评价及时反馈。可见,教师教育者不仅要备课,备好课,更要随时准备解决与准教师共同讨论、自由对话过程中提出的意料不到的问题。其次,教师教育者要运用个体内差异评价,以准教师自身状况为基准,就自身的发展情况进行纵向或横向的比较并做出价值判断。采用这种评价注重准教师的个别差异,增强学生自我生成和自我超越的信心。

其三,运用描述性教学评价对教师教育者与准教师人际交往、对话体验、情感交流进行理解与解释,以对课堂教学做出持续性的改进与知识自由的生成。评价要注重课堂教学不仅仅是知识的生成,更重要的是精神、心灵的唤醒,通过理解与解释,真切理解师生话语的真正意义与教学生成的真正样态。以准教师与教师教育者核心素养发展为评价导向。

采用多元评价方法的目的是实现准教师的自由生成和自我超越,转变以往教师对学生的单向评价,即学生只是作为被动的评价对象。运用多元评价方法要关注师生共同生成、成长的理念。在此,教师教育者与准教师是共同成长的学习共同体,教师的自我生成与成长能够为准教师提供示范作用,形成运用多元评价方法促进师生双方相互学习、共同发展、共同建构、共同生成与成长。教师教育者要将课堂教学的重心从完成教学任务转移到正视准教师的核心素养的提升与自我超越上来,要放弃课堂控制者的身份,把学习评价的主动权还给共同对话者,而作为教师自己只是评价的促进者、参与者和引导者。注重过程性评价,要关注受教育者的个体差异,对教学计划做出适时适当的调整与修改,将教学评价内化为教师教育者与准教师的内在需要,促进个体自由个性发展。同时,要注重研制多元化、多样化、弹性的教学评价标准,为评价提供多元选择,让师生双方在课堂教学中自我学习和自我生成,提升核心素养发展,促进生命健康成长。

二、共同评价联结自由交往与对话

在生成性的课堂教学中,除了运用多元化的评价方式,"多一把尺子看见学生的精彩与不同",还可以通过教师教育者与准教师共同评价、互相评价联结自由交往与对话的情境与机遇。课堂教学生成的哲学理论基础提出,交往中人与人都是自由的个体和主体,那么,在课堂教学中的评价也应是建立在平等、民主基础上的共同评价。

在课堂教学中,教师教育者与准教师要具有民主意识,要使积极、客观的评价贯穿课堂教学全过程。教师教育者要转变固有观念,转变认为从理论学识上具有绝对优势的"自觉",要从平等、自由对话与交往的视角面对准教师,以过程性、开放性、互助性互相共同评价。其一,教师教育者要用发展的视角评价准教师,对课堂教学中对话与交流的问题采用欣赏的眼光,以平等、互助、合作的视角客观评价。准教师要用"同伴"视角评价教师教育者,不因为教师教育者占有知识的优势而不敢给予客观评价。其二,教师教育者在生成性的课堂教学中,要关注受教育者个体差异,对于不同对象,评价角度可以不同。同样,准教师也要从多视角评价课堂中教师教育者的观点与看法。其三,对于在课堂教学中自由生成的新观点、新思路要在核心主题导向下进行客观评价,同时要符合国家和社会的要求,通过展示、交流、讨论、合作发展性地共同评价,在客观、发展性的评价中,提升课堂民主氛围,促进师生双方自由生成,推进教师教育模式变革与教师教育质量提升。要坚信每一位准教师都是未来优秀的中小学教师,要善于发现每一位准教师身上的闪光点,用多一把尺子看见学生的精彩,看见学生的不同,才能够使准教师在未来中小学教育教学工作中以平等、发展的眼光看待中小学生。建立共同评价机制,让准教师在客观、全面、公正的课堂教学氛围中自我生成与成长,实现自我超越。

综上所述,课堂教学生成是教育高质量发展与教师教育高质量发展的现实诉求,党的二十大报告提出要"加强师德师风建设,培养高素质教师队伍",凸显了党和国家对教师及教师教育队伍建设的高度重视。教师教育模式决定着教师的培养质量,直接影响教育高质量发展、高质量教育体系的建立,课堂教学改革是教师教育模式改革的关键所在,也是实现其变革进程的必然路向。课堂教学生成应怎样理解,在实践当中课堂教学生成应该是什么样,应该具有哪些特征以及如何在课堂教学实践中实施生成是理论研究的坐标。本书基于对大学在教师教育中的作用与教师教育价值性调查的基础上,明确教师教育模式流变、理念、目标以及课堂教学作为教师教育模式改革主体问题的价值与意义。在课堂教学生成哲学理论探究的基础上理解本书的核心概念与概念界定,基于雅斯贝尔斯教育生成观,对课堂教学生成的内涵、理论基础、特征以及在实践中如何实施生成的路向进行了深入探究,有利于基于教师教育模式视角丰富对课堂教学的全面理解和透视,是对课堂教学生成理论与实践的探索性研究。

  本书的创新之处是基于生存哲学、雅斯贝尔斯教育生成理论观照下,在教师教育模式变革视阈下论述课堂教学生成,即本研究是从哲学理论自觉与教师教育领域视角,提供了课堂教学变革的可能思路和一个研究课堂教学的新视角。在研究的过程中,主要基于理论研究、现实调查的方法进行研究探索,以期为实践探索提供理论支撑,进一步将研究理论与实践相结合,探索课堂教学生成的标准建构、体系建立、能力培养、培训机制等是课堂教学生成研究进一步的研究方向。

参考文献

一、著作部分

[1] 党的十九届六中全会《决议》学习辅导百问编写组. 党的十九届六中全会《决议》学习辅导百问[M]. 北京:党建读物出版社,学习出版社,2021.

[2] 习近平. 习近平谈治国理政[M]. 北京:外文出版社,2014.

[3] 雅斯贝斯文集. 生存哲学[M]. 王玖兴,译. 上海:上海译文出版社,2005.

[4] 雅斯贝尔斯. 存在与超越:雅斯贝尔斯文集[M]. 余灵灵,徐信华,译. 上海:生活·读书·新知三联书店上海分店,1988.

[5] 雅斯贝斯. 时代的精神状况[M]. 王德峰,译. 上海:上海译文出版社,2008.

[6] 雅斯贝尔斯. 什么是教育[M]. 邹进,译. 北京:生活·读书·新知三联书店,1991.

[7] 雅斯贝斯. 雅斯贝斯哲学自传[M]. 王立权,译. 上海:上海译文出版社,1989.

[8] 雅斯贝尔斯. 大哲学家[M]. 李雪涛,译. 北京:社会科学文献出版社,2005.

[9] 雅斯贝斯. 历史的起源与目标[M]. 魏楚雄,俞新天,译. 北京:华夏出版社,1989.

[10] 雅斯贝尔斯. 理性与生存:五个讲座[M]. 杨栋,译. 上海:上海人民出版社,2022.

[11] 夸美纽斯. 大教学论[M]. 傅任敢,译. 北京:人民教育出版社,1984.

[12] 杜威. 民主主义与教育[M]. 王承绪,译. 北京:人民教育出版社,2001.

[13] 叔斯勒. 雅斯贝尔斯[M]. 鲁路,译. 北京:中国人民大学出版社,2008.

[14] 中国社会科学院语言研究所词典编辑室. 现代汉语词典[M]. 7版. 北京:商务印书馆,2016.

[15] 辞海编辑委员会. 辞海[M]. 上海:上海辞书出版社,1999.

[16] 朱小蔓. 情感教育论纲[M]. 南京:南京师范大学出版社,2019.

[17] 刘慧. 生命德育论[M]. 北京:人民教育出版社,2005.

[18] 刘慧. 生命教育导论[M]. 北京:人民教育出版社,2015.

[19] 刘慧. 小学课堂有效教学研究[M]. 北京:北京师范大学出版社,2016.

[20] 陈云奔. 教育公平论[M]. 哈尔滨:黑龙江教育出版社,2010.

[21] 黑格尔. 法哲学原理[M]. 范扬,张企泰,译. 北京:商务印书馆,2009.

[22] 布迪厄. 实践感[M]. 蒋梓骅,译. 南京:译林出版社,2003.

[23] 兰德曼. 哲学人类学[M]. 阎嘉,译. 贵阳:贵州人民出版社,2006.

[24] 史密斯,尼姆塞尔,麦金太尔. 教师教育研究手册(上)

[M].上海:华东师范大学出版社,2017.

[25] 弗洛姆.为自己的人[M].孙依依,译.北京:生活·读书·新知三联书店,1988.

[26] 弗洛姆.爱的艺术[M].刘福堂,译.上海:上海译文出版社,2022.

[27] 范梅南.教学机智:教育智慧的意蕴[M].李树英,译.北京:教育科学出版社,2014.

[28] 帕尔默.教学勇气:漫步教师心灵[M].吴国珍,译.上海:华东师范大学出版社,2013.

[29] 靳希斌.教师教育模式研究[M].北京:北京师范大学出版社,2009.

[30] 瞿葆奎.教育学文集·教师[M].北京:人民教育出版社,1991.

[31] 王策三.教学论稿[M].北京:人民教育出版社,2005.

[32] 马云鹏.课程与教学论[M].北京:中央广播电视大学出版社,2005.

[33] 靳玉乐.课程论[M].北京:人民教育出版社,2015.

[34] 丛立新.课程论问题[M].北京:教育科学出版社,2000.

[35] 褚洪启.杜威教育思想引论[M].长沙:湖南教育出版社,1998.

[36] 陈瑶.课堂观察指导[M].北京:教育科学出版社,2002.

[37] 蔡楠荣.互动-生成教学[M].上海:上海三联书店,2004.

[38] 多尔.后现代课程观[M].王红宁,译.北京:教育科学出版社,2000.

[40]方明.陶行知教育名篇[M].北京:教育科学出版社,2005.

[41]顾明远.教育大辞典:增订合编本(下)[M].上海:上海教育出版社,1998.

[42]胡庆芳,贺永旺,杨利华,等.精彩课堂的预设与生成[M].北京:教育科学出版社,2007.

[43]郝德永.课程与文化:一个后现代的检测[M].北京:教育科学出版社,2002.

[44]考夫曼.存在主义[M].陈鼓应,孟祥森,刘鸣,译.北京:商务印书馆,1987.

[45]李龙权.生成性课堂教学[M].上海:上海远东出版社,2008.

[46]李定仁,徐继存.教学论研究二十年[M].北京:人民教育出版社,2000.

[47]李文阁.回归现实生活世界[M].北京:中国社会科学出版社,2002.

[48]裴娣娜.现代教学论[M].北京:人民教育出版社,2005.

[49]瞿葆奎.教育学文集·教学(上册)[M].北京:人民教育出版社,1988.

[50]石鸥.教学别论[M].长沙:湖南教育出版社,1998.

[51]石中英.知识转型与教育改革[M].北京:教育科学出版社,2001.

[52]施良方.课程理论[M].北京:教育科学出版社,1996.

[53]涂荣豹.数学教学认识论[M].南京:南京师范大学出版社,2003.

[54] 陶行知. 陶行知全集(第 2 卷)[M]. 长沙:湖南教育出版社,1985.

[55] 王克千,欧力同,等. 现代西方哲学流派[M]. 北京:中国青年出版社,1983.

[56] 巴雷特. 非理性的人:存在主义哲学研究[M]. 段德智,译. 上海:上海译文出版社,2004.

[57] 琼斯,尼莫. 生成课程[M]. 周欣,译. 上海:华东师范大学出版社,2004.

[58] 余林. 课堂教学评价[M]. 北京:人民教育出版社,2007.

[59] 张文质,孙明霞. 课堂因生成而精彩[M]. 江苏:江苏教育出版社,2010.

[60] 张大均. 教育心理学[M]. 北京:人民教育出版社,2004.

[61] 张仪. 教师教育:改革与发展热点问题透视[M]. 南京:南京师范大学出版社,2000.

[62] 周彬. 叩问课堂[M]. 上海:华东师范大学出版社,2007.

[63] 钟启泉,崔允漷,张华. 为了中华民族的复兴为了每位学生的发展:《基础教育改革纲要(试行)》解读[M]. 上海:华东师范大学出版社,2001.

[64] 钟启泉. 课程与教学概论[M]. 上海:华东师范大学出版社,2004.

[65] 周卫勇. 走向发展性课程评价[M]. 北京:北京大学出版社,2002.

[66] 郑金洲,蔡楠荣. 教学生成[M]. 福州:福建教育出版社,2008.

[67] 汪霞.小学课程与教学论[M].上海:华东师范大学出版社,2011.

[68] 黄彦华.近代西方情感主义伦理学与道德教育[M].银川:宁夏人民出版社,2017.

[69] 叶浩生.心理学通史[M].北京:北京师范大学出版社,2006.

[70] 李文阁.回归现实生活世界[M].北京:中国社会科学出版社,2002.

[71] 高静波,刘艳艳,石祥.数学课堂模式改革与教学实践探索[M].长春:吉林人民出版社,2017.

[72] 邓春苗.构建"自主-合作"的和乐课堂教学模式[M].北京:中国言实出版社,2017.

[73] 钟发全.教育,春天里的发现:课里课外新思维[M].北京:北京时代华文书局,2016.

[74] 蒲道林,李昌宝,谢洪麟.花开的声音:快乐教育的认识和实践[M].成都:四川大学出版社,2017.

[75] 江梅.面向未来的芬兰新课改[M].广州:华南理工大学出版社,2018.

[76] 金加喜,汪志华.为有生活价值的学习而教[M].杭州:浙江教育出版社,2018.

[77] 陈晓端,张立昌.课程与教学通论[M].西安:陕西师范大学出版社,2017.

[78] 谭军,彭军.校地联合培养卓越教师的改革实践研究[M].长春:东北师范大学出版社,2018.

[79] 张治. 教育信息化: 走进自适应学习时代[M]. 上海: 上海教育出版社, 2018.

[80] 李玲. 基于混合学习理念的教学改革研究与实践[M]. 北京: 北京理工大学出版社, 2017.

[81] 优才教育研究院. 教育优化与课堂创新设计[M]. 成都: 四川大学出版社, 2013.

[82] 张嘉玮. 非智力因素对小学生成长的影响[M]. 长春: 东北师范大学出版社, 2000.

二、外文文献

[1] ROUSSEAU. Emile or on education[M]. New York: Basic Books, 1979: 305.

[2] GOODWIN A L, SMITH L, SOUTO-MANNING M. What should teacher educators know and be able to do? Perspectives from practicing teacher educators[J]. Journal of teacher education, 2014(04): 284.

[3] LOUGHRAN J. Developing a pedagogy of teacher education: understanding teaching and learning about teaching[M]. London; New York: Routledge, 2006: 4-6.

[4] JEAN M A, TREVOR M B. Becoming a teacher educator: evidence from the field[J]. Teaching and teacher education, 2005(21): 125.

[5] SMITH K. Teacher educators' expertise: what do novice teachers and teacher educators say?[J]. Teaching and teacher education, 2005(21): 178.

[6] CATHERINE S, STEVE D. Born not made: the nativist myth and teachers'thinking[J]. Teacher development, 2008(05): 115-124.

[7] PALMER P. The Courage to teach: exploring the inner landscape of a teacher's Life [M]. 10th. San Francisco: Wiley, 2007.

[8] JANSSEN F, WESTBROEK H, DOYLE W. The practical turn in teacher education: designing a preparation sequence for core practice frames [J]. Journal of teacher education. 2014, 63 (03): 58-60.

[9] BOK D. Higer learning[M]. Cambridge: Harvard University Press, 1986.

[10] FREIRE P. Padagogy of hope: reliving padagogy of the oppressed [M]. New York: Continuum Publishing Company, 1994.

[11] YOU Y. What can we learn from chaos theory? An alternative approach to instructional systems design[J]. Educational technology research and development, 1993(41): 17-32.

[12] SHULMAN L. Knowledge and teaching foundations of the new reform[J]. Harvard educational review, 1987, 57(01): 1-22.

[13] TYLER R W. Basic principles of curriculum and instruction [M]. Chicago: The University of Chicago Press, 2008.

[14] KORTHAGEN P. Situated learning theory and the pedagogy

of teacher education: towards an integrative view of teacher behavior and teacher learning[J]. Teaching & teacher education,2010,26(01):98-106.

[15] LING, LORRAINE M. Learning teaching from experience: multiple perspectives and international contexts[J]. Edueation research,2015,57(04):470-472.

[16] GROSSMAN R. Structures for facilitating student reflection[J]. College teaching,2009,57(01):15-22.

三、期刊

[1]顾明远.习近平总书记关于教育的重要论述的方法论[J].教育研究,2022(09):4-10.

[2]刘慧.关于高师小学教育专业建设的几点思考[J].课程·教材·教法,2009,29(02):83-87.

[3]刘慧.中国小学教师培养模式:探析与展望[J].中国教育科学,2022,5(01):89-98.

[4]刘慧.基于儿童生命的小学教育之思[J].当代教育科学,2012(18):3-6.

[5]刘慧.关注小学儿童的需要:教育学的视角[J].湖南师范大学教育科学学报,2013(09):73-77.

[6]陈云奔,刘东华.有效教学:概念澄清与研究定位[J].教育理论与实践,2016(06):50-53.

[7]孙雪萌,陈云奔.乡村振兴背景下地方师范院校助力乡村教育高质量发展的理论逻辑与实践路径[J].黑龙江高教研究,2023,41(04):23-28.

[8] 崔允漷. 素养:一个让人欢喜让人忧的概念[J]. 华东师范大学学报(教育科学版),2016,34(01):3-5.

[9] 褚宏启. 核心素养的概念与本质[J]. 华东师范大学学报(教育科学版),2016,34(01):1-3.

[10] 叶澜. 一个真实的假问题——"师范性"与"学术性"之争的辨析[J]. 高等师范教育研究,1999(02):11-17.

[11] 叶澜. 重建课堂教学过程观——"新基础教育"课堂教学改革的理论与实践探究之二[J]. 教育研究,2002(10):24-30,50,9.

[12] 叶澜. 让课堂焕发出生命活力——论中小学教学改革与深化[J]. 教育研究,1997(09):3-8.

[13] 叶澜. 什么样的课算一堂好课[J]. 福建论坛(社科教育版),2005(11):4-6.

[14] 石中英. 教育高质量发展的政策内涵和实践路径[J]. 人民教育,2022(23):24-28.

[15] 朱旭东. 如何理解教师教育大学化?[J]. 比较教育研究,2004(01):1-7.

[16] 朱旭东. 教育高质量发展开启中国教育现代化新篇章[J]. 教育发展研究,2022,44(Z1):1-3.

[17] 王加强."教"可教吗?——教师教育理论前提的哲学反思[J]. 教育学报,2012,8(05):37-43.

[18] 龙宝新. 未来中小学课程的变革[J]. 新课程评论,2020(06):16-21.

[19] 黄英杰,崔延强. 自我唤醒与教育救赎——雅斯贝尔斯教

育哲学思想初探[J].教育学报,2012(08):34-39.

[20] 佐藤学,钟启泉.学校再生的哲学——学习共同体与活动系统[J].全球教育展望,2011,40(03):3-10.

[21] 王鉴.课堂研究引论[J].教育研究,2003(06):79-84.

[22] 李祎,涂荣豹.生成性教学的基本特征与设计[J].教育研究,2007(01):41-44.

[23] 陈运保.教学的生成性及应对措施[J].中国教育学刊,2006(03):49-51.

[24] 迟艳杰.教学本体论的转换——从"思维本体论"到"生成论本体论"[J].教育研究,2001(05):57-61.

[25] 李祎.教学生成:内涵阐释与特征分析[J].全球教育展望,2006,35(11):6-10.

[26] 刘鹂,王娜.教师教育者教学能力模型架构的验证性因素分析[J].黑龙江高教研究,2014(04):8-11.

[27] 陈秀玲.建立动态生成的教学过程观——兼机制和特点分析[J].教育科学,2003(05):24-26.

[28] 陈丽萍.关于课堂教学不确定性的探究[J].教育探索,2003(02):67-69.

[29] 程广文,陈笃彬.论教学的生成性[J].高等教育研究,2008(01):79-84.

[30] 郭翠菊.论教学唤醒[J].河南师范大学学报(哲学社会科学版),2007(04):218-221.

[31] 黄忠敬.教学理论:走向交往与对话的时代[J].教育理论与实践,2001(07):33-35.

[32] 李文阁.生成性思维:现代哲学的思维方式[J].中国社会科学,2000(06):45-53,206.

[33] 李祎.教学生成的理论基础[J].教育评论,2005(04):58-60.

[34] 杨启亮.课程改革中的教学问题思考[J].教育研究,2002(06):49-53.

[35] 罗祖兵.生成性教学的基本理念及其实践诉求[J].高等教育研究,2006(08):47-53.

[36] 王鉴.关于实践教学论的几个理论问题[J].教育理论与实践,2005(21):34-37.

[37] 王敏.从认识走向理解——教学的理论基础转换[J].当代教育科学,2003(09):21-24.

[38] 叶澜,吴亚萍.改革课堂教学与课堂教学评价改革——"新基础教育"课堂教学改革的理论与实践探索之三[J].教育研究,2003(08):42-49.

[39] 翁光明.教学生成的方法论思考[J].上海教育科研,2004(10):53-54.

[40] 荀振芳.教育:对生命本原的追问和超越——雅斯贝尔斯《什么是教育》述评[J].大学教育科学,2004(02):82-85.

[41] 辛继湘.生成性思维:当代教学论研究的思维走向[J].教育评论,2003(05):61-64.

[42] 余文森.论教学中的预设与生成[J].课程教材教法,2007(05):17-20.

[43] 张志亚.对课堂生成的几点思考[J].语文建设,2007(04):

35-37.

[44]张广君,孙琳,许萍.论生成教育[J].中国教育学刊,2008(02):6-9.

[45]赵同森.唤醒灵魂的教育——雅斯贝尔斯教育思想解读[J].教育理论与实践,2006(18):1-3.

[46]郑金州.重构课堂[J].华东师范大学学报(教育科学版),2001(03):53-63.

[47]邹广文,崔唯航.从现成到生成——论哲学思维方式的现代转换[J].清华大学学报(哲学社会科学版),2003(02):1-6.

[48]许亚峰,赵博.教师使用学习空间的影响因素研究[J].开放教育研究,2014,20(05):102-110.

[49]苗光宇.高校教师教育者核心素养:内涵、构成要素及路向探索[J].黑龙江高教研究,2022,40(11):8-12.

[50]苗光宇.小学教师核心素养培育的价值诉求[J].教学与管理,2018(21):54-56.

四、报纸

[1]习近平.决胜全面建成小康社会 夺取新时代中国特色社会主义伟大胜利——在中国共产党第十九次全国代表大会上的报告[N].人民日报,2017-10-28(1-5).

[2]习近平.高举中国特色社会主义伟大旗帜 为全面建设社会主义现代化国家而团结奋斗:在中国共产党第二十次全国代表大会上的报告[N].人民日报,2022-10-26.

[3]坚持中国特色社会主义教育发展道路 培养德智体美劳全

面发展的社会主义建设者和接班人[N].人民日报,2018-09-11.

[4]习近平.把保障人民健康放在优先发展的战略位置 着力构建优质均衡的基本公共教育服务体系[N].人民日报,2021-03-07.